BIBLIOTECA ÁUREA HISPÁNICA BÁH

Editorial Iberoamericana / Vervuert

Biblioteca Áurea Hispánica, 122 Comedias completas de Calderón, 20

PEDRO CALDERÓN DE LA BARCA

Un castigo en tres venganzas

Edición crítica de
Margaret Rich Greer
y Francisco Sáez Raposo

Iberoamericana • Vervuert • 2018

Instituciones editoras asociadas

CECE
CENTRO PARA LA EDICIÓN DE LOS
CLÁSICOS ESPAÑOLES

USC UNIVERSIDADE DE SANTIAGO DE COMPOSTELA

Amor de Dios, 1 – E-28014 Madrid
Tel.: +34 91 429 35 22
Fax: +34 91 429 53 97
info@iberoamericanalibros.com
www.iberoamericana-vervuert.es

Elisabethenstr. 3-9 – D-60594 Frankfurt am Main
Tel.: +49 69 597 46 17
Fax: +49 69 597 87 43
info@iberoamericanalibros.com
www.iberoamericana-vervuert.es

ISBN 978-84-9192-019-9 (Iberoamericana)
ISBN 978-3-95487-935-9 (Vervuert)
ISBN 978-3-95487-936-6 (e-book)

Depósito Legal: M-26488-2018

Cubierta: Carlos Zamora
Impreso en España

Este libro está impreso íntegramente en papel ecológico sin cloro.

ÍNDICE

Presentación 9

Introducción a *Un castigo en tres venganzas* 13
1. Título 13
2. Datación 14
3. Estudio literario 15
4. Sinopsis métrica 24

Estudio textual 27
1. Descripción bibliográfica y transmisión textual de los testimonios principales 27
1.1. *Diferentes* 28 (D28) 27
1.2. BL Ms. ADD_33472 (Ms) 29
1.3. *Quinta parte*, «Barcelona» (B) 35
1.4. *Quinta parte*, «Madrid» (M) 37
1.5. *Novena parte* (VT) 41
2. La transmisión textual posterior 47
2.1. La segunda edición de la *Novena parte* de Vera Tassis de «1698» 47
2.2. La pseudo *Novena parte* y el *Jardín ameno* 48
2.3. Sueltas del siglo xvii y xviii derivadas de *Diferentes* 28 54
2.3.1. El texto de STD 54
2.3.2. El texto de LBL 56
2.3.3. El texto de FUB 58
2.3.4. El texto de S268 60
2.3.5. El texto de VAR 62
2.3.6. El texto de SSC 63

2.4. Sueltas y otras ediciones derivadas de Vera Tassis 64
2.4.1. El texto de SFL 64
2.4.2. El texto de SJH 65
2.4.3. Los textos de BCS y BFS 67
2.4.4. El texto de Apontes 68
2.5. Testimonios de los siglos XIX y XX 69
2.5.1. El texto de Keil 69
2.5.2. El texto de Taulo 69
2.5.3. El texto de Hartzenbusch 70
2.5.4. El texto de Astrana Marín 71
2.5.5. El texto de Valbuena Briones 71
3. Conclusiones sobre la filiación de los diferentes testimonios 72
4. La presente edición 74

Abreviaturas y bibliografía 77
1. Abreviaturas 77
2. Bibliografía 77

Texto crítico de *Un castigo en tres venganzas* 85
Jornada primera 87
Jornada segunda 131
Jornada tercera 169

Aparatos críticos 205
1. Abreviaturas de los testimonios 205
2. Títulos 205
3. Reparto 206
4. Texto de la comedia 206

Índice de voces anotadas 223

A Bob

A Pablo, dichoso él, que no sabe lo que son venganzas

PRESENTACIÓN

La edición de *Un castigo en tres venganzas* que aquí presentamos tuvo su origen hace casi dos décadas, en 1999-2000. En aquel año, Francisco Sáez Raposo ocupaba un puesto de instructor visitante en el Departamento de «Romance Studies» de Duke University (EEUU) mientras preparaba la tesis doctoral *Juan Rana y el teatro cómico breve del siglo XVII* que defendería satisfactoriamente en la Universidad Complutense de Madrid en 2003. Pidió a Margaret R. Greer su ayuda para adquirir experiencia en el proceso de realizar una buena edición crítica de una comedia del teatro clásico español, preferentemente una que se basara en un manuscrito. Ella dijo que la mejor manera de aprenderlo era, de hecho, preparando una edición en colaboración con alguien experimentado en ello. Como ella en aquel entonces ocupaba el cargo de directora de Departamento, no disponía de mucho tiempo, pero podría supervisar el trabajo que hiciera Sáez Raposo. Elegimos *Un castigo*, texto del cual hay un manuscrito significativo en la British Library. La copia que solicitamos y que nos enviaron en aquel momento era deficiente, pues estaba incompleta y presentaba una imagen borrosa. Fue necesario escribirles dos veces más para recibir una completa y en buenas condiciones. Sin embargo, a pesar de la pobre calidad de la primera copia se veía muy claramente la firma de Diego Martínez de Mora al final de cada jornada, en concreto en los folios 222r, 240r y 256r[1]. Eso nos hizo

[1] Ver algunas imágenes del manuscrito y la firma de Martínez de Mora en la ficha del manuscrito en <www.manos.net>.

pensar que era Martínez el copista de todo el manuscrito, como afirmamos en los artículos que dedicamos en su día al respecto[2].

Para nuestra edición hubiéramos querido adoptar el texto del manuscrito como texto base, pero la *collatio* que preparó Sáez Raposo de los cinco testimonios importantes del siglo XVII nos hizo descartar dicha posibilidad, porque falta en el manuscrito un pasaje de catorce versos incluido en el resto. Además del manuscrito, las versiones significantes son la *princeps*, publicada como el volumen 28 en la serie comúnmente conocida como *Diferentes* (nuestro D28), las dos ediciones de la *Quinta parte*, la de «Barcelona» (B) y la de Madrid (M), ambas de 1677, y el texto incluido por Juan de Vera Tassis en la *Novena parte* de 1691 (VT). Francisco continuó con la labor de preparación de la edición, haciendo el análisis métrico, el registro de variantes y la anotación textual, en su variante lingüística, social, cultural, histórica y filológica. Pidió a Greer escribir el estudio textual y hacer el *stemma*. Ella no quería hacerlo hasta poder cotejar las variantes de la tradición completa y, de este modo, comprender los efectos de la transmisión textual en la obra que hoy conocemos. O, mejor dicho, que desconocemos, porque es una obra que se ha estudiado muy poco.

Cuando Greer pudo ir a la British Library en 2012 para examinar el manuscrito de forma directa vio, por las diferencias de la tinta y la pluma empleadas, indistinguibles en la copia que manejábamos, que Martínez de Mora no era el copista principal del texto, sino el que lo corrigió y enmendó, como se puede apreciar en las imágenes digitales que hemos podido conseguir, algunas de las cuales están incluidas en la página web <www.manos.net>. El copista principal queda todavía sin identificar, aunque esperamos poder hacerlo en el futuro por medio de los procedimientos del proyecto Manos Teatrales. Al jubilarse de la enseñanza en 2014, Greer pudo emprender el estudio de la transmisión textual, incluyendo un número considerable de sueltas publicadas en los siglos XVII y XVIII. De tal estudio y un examen cuidadoso de los cinco testimonios principales concluimos que, a pesar de ser una aparente violación de los principios de la edición crítica moderna, era necesario que la nuestra fuera, en algún grado, ecléctica[3]. Por razones diferentes, ninguno de los cinco testimonios puede tomarse como un reflejo fiel de las intenciones de Calderón. Hemos intentado hacer un equilibrio entre todos ellos

[2] Greer, 2008; Sáez Raposo, 2011.

[3] Ver Ruano de la Haza, 1990.

con el propósito de haber llegado a la aproximación más factible de sus intenciones autoriales.

No podemos ni debemos terminar esta Presentación en forma de repaso a las motivaciones y vicisitudes que nos han traído hasta aquí sin mostrar públicamente nuestro agradecimiento a aquellas personas que, a lo largo de este camino, nos han ayudado y animado a continuarlo y concluirlo. Por haber llegado, esperamos, a buen puerto.

A Don Cruickshank de manera especial, por toda su labor realizada a lo largo de los años sobre la vida y obra de Calderón y, más particularmente, por su ayuda y sus consejos en la preparación de esta edición y en la tarea de intentar identificar a los editores e impresores de las diversas sueltas de la obra; a Germán Vega García-Luengos porque, además de la inestimable ayuda que han supuesto sus publicaciones sobre la imprenta y los impresores de las sueltas, también ha sido muy generoso a la hora de contestar nuestras preguntas en cuanto a la relación entre algunas de ellas; y por último, pero no por ello menos importante, a Ignacio Arellano por su apoyo y por el interés que desde el primer momento mostró porque esta edición formara parte de la Colección de «Comedias Completas de Calderón» que él dirige en la «Biblioteca Áurea Hispánica» (Editorial Iberoamericana / Vervuert).

San Francisco (California)
Arganzuela (Madrid)
20 de junio de 2018

INTRODUCCIÓN
A *UN CASTIGO EN TRES VENGANZAS*

1. Título

La comedia que nos ocupa aparece en varias bibliografías, estudios[1] y listas de comedias y abreviaturas de sus títulos, incluyendo la de Ignacio Arellano en *Editar a Calderón*[2], con el título *De un castigo, tres venganzas*. Sin embargo, el que encabeza la comedia en sí en todos los testimonios importantes es ligeramente diferente: *Un castigo en tres venganzas*. Creemos que la confusión se origina por el contagio con la comedia de Juan Pérez de Montalbán titulada *De un castigo, dos venganzas* y la historia editorial de las primeras ediciones de las dos comedias. Ambas fueron publicadas inicialmente en la misma serie de volúmenes de *Diferentes* y a costa del mismo comerciante de libros con solo dos años de diferencia, en 1632 y 1634: la de Montalbán en la *Parte 25*, publicada en Zaragoza «a costa de Pedro Esquer, Mercader de Libros» en 1632 y 1633[3], y la de Calderón en la *Parte 28*, publicada en Huesca por Pedro Blusón en 1634,

[1] Ver, por ejemplo, Bigelow, 1973 y 1975; Cruickshank, 2009, pp. 77-78, 95, 105, 114, 154, 442; y Voros, 1992.

[2] Arellano, 2007, p. 83.

[3] La comedia de Juan Pérez de Montalbán fue publicada en las dos ediciones de las *Comedias de diferentes autores. Parte 25*, Zaragoza, Hospital Real y General de Nuestra Señora de Gracia de 1632 y 1633 (Ver F. Rodríguez-Gallego, 2011, pp. 34-37). El manuscrito 17.061 de la Biblioteca Nacional de España lleva una nota en la que se señala que la había representado Manuel Vallejo en 1630. Ver la imagen en <www.manos.net>, Ms. 17.061, fol. 3r. En DICAT, por su parte, se indica que Vallejo hizo treinta representaciones en Córdoba en aquel año (Ferrer Valls, 2008 citando a A. García Gómez, 1999, p. 409, y R. Aguilar Prieto, 1962, p. 290).

también «a costa de Pedro Escuer, Mercader de Libros»[4]. Curiosamente, ambos textos ocupan el octavo lugar en el conjunto de comedias que componen sus respectivos volúmenes. Nos parece que la participación de Pedro Escuer en la publicación de *Diferentes Parte XXV* y *Diferentes Parte XXVIII* puede haber conducido al error en la tabla de contenidos de esta última. El índice de *Diferentes 28* da el título de nuestra comedia como «De un castigo tres venganzas», a diferencia del que encabeza la comedia en dicho volumen, en el manuscrito[5] y en las dos ediciones de la *Quinta parte* y la *Novena parte* de Vera Tassis. El índice de títulos de las dos ediciones de la *Quinta parte* la cita como «Vn Castigo en tres Venganças», pero el de la *Novena parte* genuina lo hace con el título «*De un castigo, tres venganzas*». La *Novena parte* falsificada (BNE R/11.353) invierte la relación de los sintagmas, al llevar el título correcto, *Vn castigo en tres venganças*, en la Tabla de las comedias que la conforman, no obstante de incluir la suelta núm. 268, que lleva el título «Comedia Famosa *De un castigo tres venganzas*». Esta suelta, de hecho, puede haber sido una pieza clave en la difusión que tuvo dicho título.

2. Datación

La fecha de composición de *Un castigo en tres venganzas* propuesta por Hilborn a partir de la métrica de la comedia es 1628[6], fecha posteriormente aceptada, con mayor o menor convicción, por Bigelow, Voros y Cruickshank. Bigelow, cuestionando la fiabilidad del método de Hilborn, sugiere un arco temporal más amplio: el comprendido entre los años 1628 y 1632. Señala Cruickshank que la aprobación para la publicación de *D28* lleva la fecha del 27 de octubre de 1633[7], lo cual nos

[4] Ver imágenes de los frontispicios y descripciones bibliográficas detalladas en Profeti, 1988, pp. 45-58 y 70-77.

[5] Sin embargo, el manuscrito también incluye una discrepancia en cuanto al título, probablemente agregado en una segunda etapa, cuando fue enmendado por Martínez de Mora, quien añadió al final de la segunda jornada el título «De un castigo tres venganzas» (fol. 239v). Ver la adición señalada al verso 1972 en el Aparato crítico y en las imágenes digitales del manuscrito en <www.manos.net>.

[6] Hilborn, 1938, pp. 9-12. A pesar de que Valbuena Briones atribuía a Schmidt la consideración de que la comedia podría ser incluso algo anterior (1625-1626), en realidad este último no se refería a la obra de Calderón, sino a *De un castigo, dos venganzas*, de Pérez de Montalbán. Ver Schmidt, 1857, p. 174.

[7] Cruickshank, 2009, p. 358, nota núm. 38.

da el *terminus ad quem*. José María Ruano de la Haza sostiene que era normal que un autor de comedias, antes de contemplar la posibilidad de vender una pieza nueva a un impresor, dejara transcurrir unos cuatro o cinco años antes de considerarla agotada para la escena[8]. No nos quedan noticias de ninguna representación de *Un castigo* —ni de su estreno ni de puestas en escena posteriores—, aunque se han conservado evidencias de que las hubo en torno a 1630-1635 por la propia existencia del manuscrito de la British Library enmendado por Diego Martínez de Mora. El espacio de tiempo que normalmente separaba la publicación de una comedia y su estreno como flamante creación que propone Ruano confirmaría la fecha de composición propuesta por Hilborn, esto es, en torno a 1628.

3. Estudio literario

De entre la producción dramática de Calderón, esta comedia ha pasado prácticamente desapercibida para la crítica, exceptuando los trabajos ya mencionados de Bigelow, Voros, y los datos de Cruickshank sobre su fecha, publicación y algunos detalles más sobre su contenido[9]. Sin duda, fue el primero de estos quien más interés mostró en ella, en concreto en un trabajo bastante completo que vio la luz en 1975 y que formó parte de los requisitos necesarios para la obtención de su grado de doctor en la University of Pittsburgh[10].

En sus propias palabras,

> In terms of the structure of the dramatic action, *De un castigo, tres venganzas* consists of two parallel and closely-knit chains of events which become fused from the end of Act II. Both the plots deal with treason, punishment, and vindication: the main plot, with the treason against the Duke; the subplot, with the betrayal of Flor and the murder of Enrique. The action of both these divisions is circular, and because of their confluence, the final conclusion resolves both conflicts[11].

[8] Ruano de la Haza, 1992, p. 25.

[9] Cruickshank, 2009, pp. 77, 95-96, 105, 114, 154, 159, 369 nota núm. 2.

[10] De un castigo, tres venganzas *and the Relationship of Justice and Vengeance in the Theater of Calderón: A Critical and Historical Study.*

[11] Bigelow, 1975, p. 54.

La trama de la obra se enmarca en el contexto histórico de la corte de Carlos de Borgoña, conocido como «el Temerario» (1433-1477), a quien el galán Federico, se dirige como

> Carlos, duque de Borgoña,
> de Austria generosa rama,
> descendiente[12] del que puso
> su estoque en la Casa de Austria (vv. 2507-2510).

Modelo del ideal caballeresco a medio camino entre los grandes señores feudales y los príncipes renacentistas, fue el último mandatario de dicha dinastía y uno de los más sobresalientes, ya que durante su gobierno el Ducado de Borgoña llegó a su apogeo a través de la expansión territorial y el establecimiento de una nueva ordenación administrativa. El trasfondo político latente en la obra apuntaría directamente hacia la Familia Real española, pues el protagonista fue bisabuelo del emperador Carlos V. Según Carlos Clavería, la imagen que del emperador tenían sus contemporáneos era muy diferente a la que podemos tener en la actualidad:

> Acostumbrados hoy a juzgarle retrospectivamente por la obra política desarrollada a la cabeza del Imperio y de sus otros Estados europeos y por el engrandecimiento de la casa de Austria, le vemos como un Habsburgo, pero para sus contemporáneos fue, durante muchos años, ante todo, el duque de Borgoña[13].

Como nos recuerda el propio Clavería, esta circunstancia no era ni mucho menos casual, ya que la educación de Carlos V fue borgoñona, la etiqueta de esta Casa Ducal sería la que adoptaran los Austrias, así como la Orden del Toisón de Oro a la que, por cierto, Calderón dedicó varios de sus autos sacramentales: *El divino Jasón*, *La piel de Gedeón* y *El maestrazgo del Toisón*[14]. Curiosamente, nunca dejó de ostentar el título de duque de Borgoña, a pesar de convertirse en Emperador del Sacro Imperio Romano Germánico.

[12] Ver la nota correspondiente al reparto, y Bartier, 1970.
[13] Clavería, 1950, pp. 38. Citado por Bigelow, 1973, p. 22.
[14] Bigelow, 1975, p. 22 y nota núm. 27.

En realidad, como muy acertadamente señala Bigelow, Calderón parece haber construido el personaje de Carlos, el duque de Borgoña, a partir de una combinación de rasgos y características tomados tanto de Carlos de Borgoña como de Carlos V. Hasta en seis ocasiones, a lo largo de toda la obra, se cita el sobrenombre de «Justiciero» para designar a una figura histórica que, como ya hemos indicado, fue conocida realmente en todas las crónicas históricas como «el Temerario». De hecho, esa es la evolución del personaje en el desarrollo argumental, pues pasa de guiar sus actos movido por un afán de venganza a hacerlo por la aspiración de actuar correctamente a través de la administración de justicia basada en un razonamiento recto. Bigelow rastrea las crónicas tempranas (todas ellas del siglo XVI) que, sobre la figura histórica del duque de Borgoña, pudo tener Calderón a su alcance. Estas serían las siguientes: las *Crónicas* de Enguerrand de Monstrelet, las de Jean Molinet, *Les mémoires de messire Olivier de la Marche* y *Les mémoires de Phillipe de Comines*. De todas ellas, Bigelow piensa que tal vez estas últimas fueran las que pudo haber conocido Calderón, ya que se trata de un libro que fue traducido del francés al latín por J. Sleidanus en 1561, mientras que ninguno de los otros lo fue ni al latín ni al español[15]. De hecho, Pedro de Aguilón, embajador de Felipe II en la corte francesa, publicó un compendio del mismo traducido al español en 1586 con el título de *Historia del duque Carlos de Borgoña, bisagüelo del Emperador Carlos Quinto*. Obviamente, esto no deja de ser una mera hipótesis. Sin embargo, y a pesar de ello, el mismo investigador, siguiendo a Emilio Cotarelo en esta ocasión, elucubra con el hecho de que la ocasión en la que Calderón bien pudo haber leído dicho texto fue tras su retorno a Madrid en 1625 de un viaje con fines militares que había realizado a Flandes y Milán, cuando tuvo acceso a la biblioteca de su patrón, el condestable de Castilla, a quien servía como caballerizo[16]. Bigelow encuentra algún paralelismo entre el duque de Borgoña verídico y el dramático, especialmente en lo relativo a la

[15] Bigelow, 1973, pp. 13-14.

[16] Bigelow, 1973, pp. 15. Cruickshank (2009, pp. 76-77) llama la atención sobre la anómala circunstancia de que Calderón, en 1648, con motivo de la solicitud de una pensión militar, no mencionara, por propio interés personal para reforzar su petición, ningún servicio realizado durante la década de 1620, cuando sí lo hizo del prestado en Cataluña entre 1640-1642, así como el de su hermano José, muerto en combate en 1645. Ante la falta de evidencias documentales, Cruickshank no niega la posibilidad de dicho viaje, aunque sí alega que, de haberse producido, tuvo que ser corto, no superior a dieciocho meses, pues firmó un documento en Madrid el 16 de abril de 1626.

traición que el segundo sufre a manos de Clotaldo y el primero, según Comines, por parte de Nicholas de Montfort, duque de Campobasso, hecho que, a pesar de estar comprobado que realmente no aconteció, sí se consideró como cierto en su tiempo.

Sin embargo, no solo Carlos V fue conocido con el sobrenombre de «el Justiciero», sino que uno de sus mayores enemigos fue el duque de Sajonia, al igual que en la obra que nos ocupa:

DUQUE Pues, ¿qué hay del duque de Sajonia?

ENRIQUE Luego
que oyó de mí lo que tu imperio trata,
segunda vez las armas apercibe [...] (vv. 13-15).

Según Bigelow,

> for the Spaniard of Calderón's age, the mention of «el de Sajonia» would in all likehood have brought to mind the past or present wars fought by Spain against this arch-enemy of the Empire or against his descendants[17].

No en vano, debido al cariz que fue tomando la insurrección de los príncipes protestantes, el emperador se vio obligado a viajar a Alemania en 1531 para intentar apaciguar personalmente la situación. En la época fueron numerosos los historiadores que se ocuparon de la figura de Carlos V, como Pedró Girón, Alonso de Santa Cruz, Pedro Mexía o Luis de Ávila y Zúñiga, aunque quien lo estudió de forma más detallada fue fray Prudencio de Sandoval en su *Historia de la vida y hechos del Emperador Carlos V*, publicada en dos partes (1604 y 1606) y de gran difusión en su tiempo[18]. Pero según Cotarelo, los textos que debió de conocer Calderón fueron los de Jerónimo de Zurita (*Anales de la Corona de Aragón*, publicados originalmente en 1578-1585, y editados nuevamente en 1621) y el del padre Juan de Mariana (*Historia general de España*, publicado también en 1621)[19].

La imagen de Carlos V transmitida por Sandoval como un gobernante justiciero (sustentada por la gestión que hizo de la rebelión de los

[17] Bigelow, 1975, p. 29.
[18] Bigelow, 1975, pp. 23-24.
[19] Cotarelo, 2001, p. 87. Citado en Bigelow, 1975, p. 24.

Comuneros en 1522, el indulto al duque de Milán tras ser acusado de traición en 1529 y la respuesta que fue dando a los rebeldes príncipes protestantes en sus territorios alemanes) no se pone en entredicho en ninguna crónica[20].

El motor argumental de la obra gira en torno a su capacidad para administrar justicia ante un caso de traición política. Será su propio enemigo, el duque de Sajonia, quien le advierta a través de una carta de la deslealtad que con él ha tenido uno de sus hombres de confianza, ya que le ha puesto en aviso del propósito que el de Borgoña tiene de atravesar de incógnito su territorio con el fin de entrevistarse con el duque de Austria, su sobrino, para acordar una alianza contra el primero. Aunque el conocimiento de dichas intenciones le proporcionaría clara ventaja a la hora de apresarlo y desbaratar sus planes, prefiere, en un acto de suprema caballerosidad, no aprovecharse de un beneficio que considera indigno y, por consiguiente, alerta a su enemigo. Es esta prevención la desencadenante del conflicto dramático, que se inicia con una interesante escena en la que, intentando desenmascarar al alevoso a través de la reacción que provoca en sus hombres el conocimiento del contenido de la misiva, el duque realiza un análisis psicológico de ellos. Las respuestas contradictorias y los enfrentamientos que surgen entre unos súbditos indignados por el suceso y deseosos de evidenciar su lealtad, darán al traste con las intenciones del duque, mostrando la ineficacia del método y, por extensión, de su capacidad como juez, ante la complejidad de una naturaleza humana difícilmente encasillable o predecible. De todos ellos será Clotaldo, quien poco después se desenmascarará como el auténtico traidor, el único que no resulta castigado en este caos inicial e, irónicamente, verá acrecentada la confianza que, como privado, ya tenía, con lo que en sus ansias de ascenso político perderá toda posible competencia que pudieran presentarle los otros tres hombres cercanos al duque: Enrique, su sobrino, Manfredo, quien fuera su ayo y es el padre de la dama protagonista, Flor, y Federico, súbdito leal que desempeña el papel de galán de la comedia. La ironía del desequilibrio injustamente introducido en el círculo de influencia del duque es acrecentada por el orgullo que este siente por el sobrenombre con el que es conocido, «el Justiciero», como queda de manifiesto en el encabezamiento de la carta que le envía el duque de Sajonia:

[20] Bigelow, 1975, pp. 25-30.

> A Carlos de Borgoña, el Justiciero.
> Con buenas señas viene el sobrescrito,
> que el Justiciero soy, cuyo severo
> blasón a mis anales solicito (vv. 17-20).

La traición de Clotaldo se multiplica en acciones sucesivas. Primero, por su alevosía en procurar acceso a la recámara de Flor, unida sentimentalmente a Federico por un amor mutuo. Clotaldo, quien también la ama, promete mil escudos a una criada suya si le coloca en la ventana una escala que le facilite el acceso de noche. Una vez allí, se topa con Enrique, que ha sido llamado por su amante Flérida, amiga de Flor, y lo mata. En segundo lugar, cuando el duque, de caza con Clotaldo, se acuesta para dormir una siesta y este intenta también asesinarlo; Federico despierta al duque, salvando su vida en el último instante, pero Clotaldo logra culparle aviesamente a él del atentado. En tercer lugar, cuando se empeña en convencer al duque de la necesidad de acabar con la vida de Federico, encarcelado en el castillo de Torreblanca, degollándole en secreto por la sospecha de haber matado a Enrique. Cruickshank observa que este empeño habría recordado al público la muerte del barón de Montigny[21], degollado en secreto en Simancas siguiendo órdenes de Felipe II por alegaciones de traición perpetrada junto con otros nobles de Flandes sentenciados a muerte por el duque de Alba en 1567[22]. Con la diferencia de que en este drama, la culpa de lo que Geoffrey Parker denomina «homicidio judicial» no es del rey, sino de un privado ambicioso, a cuya presión el duque resiste. Manfredo salva a Federico con una pócima que, servida en un vino, le deja privado de sentido, aparentemente muerto, y lo sepulta hasta que pasa el peligro, momento en el que el duque, enterado de su traición, ya ha matado a Clotaldo. Todo ello nos trae a la memoria la historia de Romeo y Ju-

[21] Cruickshank, 2009, p. 96.

[22] Parker, 2014, pp. 143, 148, 152-153, 198-199. Cuando los parientes de Montigny solicitaron que se tuvieran en cuenta sus muchos años de servicio, Ana de Austria pidió al rey Felipe que se apiadara de él. Como ella estaba a punto de dar a luz, este optó por hacerle degollar en secreto, difundiendo la historia de que había muerto de una repentina enfermedad. Vistieron al cadáver con un hábito franciscano para esconder la evidencia de la decapitación.

lieta de Bandello[23], en la que Calderón, como Shakespeare, pudo haber encontrado tal motivo[24].

Al final, Federico puede gozar de la restauración de su honor, que vio amenazado por haber sido exiliado de la corte por el Duque, uniéndose en matrimonio con Flor con el beneplácito de Manfredo, que lo recibe por hijo y heredero de su casa, y tomando en posesión las rentas y oficios de Clotaldo. De este modo, Calderón ha ofrecido al público de la obra justicia, venganza, intrigas palaciegas, anhelos de poder desmedidos e ilícitos, enredos amorosos salpicados con un asesinato, un interés evidente por la caracterización y el análisis psicológico de los personajes, etc. Es decir, todos los componentes de una comedia que, como en su día manifestó Bigelow, parece justamente reclamar una atención algo más detenida que la que se le ha dedicado hasta la fecha[25].

Aunque fue incapaz de encontrar una fuente literaria directa para *Un castigo en tres venganzas*, Bigelow llevó a cabo un exhaustivo rastreo de obras de naturaleza diversa que pudieron haber servido de inspiración más o menos directa a Calderón a la hora de componer la suya. Poemas que tienen como protagonista a Carlos de Borgoña, como la biografía alegórica *Le chevalier délibéré* de Olivier de la Marche (que contó con dos traducciones al español acometidas por Hernando de Acuña y Jerónimo de Urrea que fueron publicadas en Amberes en 1553 y 1555, respectivamente) o al emperador (obras de Garcilaso de la Vega, Gutierre de Cetina, Fernando de Herrera, etc.). Especialmente interesante es un *Romance de la prisión del Duque de Sajonia*, que habría que saber si circuló con anterioridad a la fecha de composición de *Un castigo*, pues el manuscrito que lo conserva está datado en el año 1640; piezas novelísticas o dramáticas de influencia dudosa, como la historia trigésimo tercera de *Il Novellino* de Masuccio Salernitano (Nápoles, 1476), *De un castigo, dos venganzas*, de Pérez de Montalbán, *De un agravio, tres venganzas*, de Jerónimo de Villaizán, *A grande agravio, gran venganza*, de Jacinto Cordero, *Cinco venganzas en una*, de Juan de Ayala, *La discreta venganza*, *Las almenas de Toro*, *La tragedia del rey don Sebastián* o *El perseguido*, de Lope, y así un largo etcétera. La conclusión a la que llega Bigelow tras su minucioso recorrido resulta un tanto laxa:

23 Matteo Bandello, «La sfortunata morte di dui infelicissimi amanti che l'uno di veleno e l'altro di dolore morirono, con vari accidenti», *Le Novelle* (*c.* 1554).

24 Cruickshank, 2009, p. 96.

25 Bigelow, 1975, p. 93.

> No single historical or literary work has been found, however, which is fully satisfying as a direct source of Calderón's *De un castigo, tres venganzas* [...] it may be that Calderón had assimilated the details relevant to the dramatic actions of *De un castigo, tres venganzas* from a great variety of readings and experiences of his historical-literary environment; and that he referred to no one source as he wrote his play[26].

Lo que sí parece tener muy claro es que *Un castigo* fue la fuente única y directa de *Cuánto mienten los indicios, y el ganapán de desdichas*, de Juan Bautista Diamante[27].

Asimismo, analizó las relaciones existentes entre *Un castigo* y otras cinco comedias de Calderón (*Luis Pérez el gallego*, *Amar después de la muerte*, *El alcalde de Zalamea*, *Las tres justicias en una* y *La niña de Gómez Arias*) de acuerdo a una serie de parámetros que, según su criterio, comparten entre sí: la coincidencia entre los conceptos de justicia y venganza, y la semejanza de personajes, situaciones, estructuras e imágenes que desarrollan[28].

A todos estos alicientes que estamos viendo podemos añadir el de las cuestiones planteadas por las enmiendas y adiciones a uno de los testimonios básicos de la comedia, el manuscrito de la British Library, por parte de Diego Martinez de Mora y otras manos[29]. Francisco Sáez Raposo analizó en un artículo la profusión de didascalias que añade Martínez de Mora, la frecuente adición de apartes, de movimientos escénicos, entradas y salidas de actores, etc., su corrección de malas atribuciones de parlamentos a ciertos personajes y otros errores presentes en el texto de D28[30]. La adición más interesante, sin embargo, no aparece escrita con la letra de Martínez de Mora, lo cual, por otra parte, no elimina la posibilidad de que sea una invención suya, aunque copiada por otra mano. Se

[26] A las fuentes literarias de *Un castigo* dedica Bigelow un capítulo completo en su estudio. Ver Bigelow, 1975, pp. 37-49. La cita en las pp. 48-49.

[27] Bigelow, 1975, p. 49 nota núm. 50. Un simple vistazo al listado de *dramatis personæ* que presenta el texto de Diamante muestra de manera evidente hasta qué punto secunda el plan actancial de Calderón. Muy interesante resulta también el hecho de que sigue, para el desenlace, la propuesta que, como vamos a ver a continuación, se desarrolla en la escena añadida en Ms, ya que el personaje de Porcia, el equivalente de Flor en Calderón, sí está presente sobre las tablas en el remate de la comedia.

[28] Bigelow, 1975, pp. 71-109.

[29] Ver la descripción del manuscrito que presentamos más adelante, en el Estudio textual.

[30] Sáez Raposo, 2011.

trata de la inclusión de una salida del personaje de Flor, quien se había desmayado al oír la noticia de la aparente muerte de Federico y había sido conducida fuera de escena. En los otros cuatro testimonios, como en el texto original del manuscrito, ninguna acotación ni ningún verso la hace volver al escenario y estar presente para el final feliz de la obra, como sería esperable. Esto a pesar de haber sido representada como una dama fuerte, de convicciones firmes, y haber tenido una actuación importante a lo largo de toda la historia. Al final, su única «presencia» en la escena se produce por medio de la petición de su mano que Federico hace al Duque:

Mis penas y mis peligros
daré por bien empleados
como *engaste el cristal fino*
de la bella Flor mi mano,
pues parte en ellos ha sido.
(vv. 2838-2842. El énfasis es nuestro)

Flor podría haber salido silenciosamente para unir «el cristal fino» de su mano con la de Federico, pero falta reconocimiento textual de ello. Consideramos que es una anomalía en las comedias de Calderón tal ausencia de la dama principal al final de la obra[31].

En la escena añadida —que tiene un cierto toque melodramático—, Flor, sin saber que la sabia acción de su padre ha salvado a Federico de la muerte, sale con una daga, acusando al Duque de ser un traidor, un ingrato que, a pesar de preciarse de justiciero, ha matado a su inocente esposo. Pide al propio Duque que le dé muerte a ella también y amenaza con quitarse la vida si este hace caso omiso a su petición. Esto recuerda la escena de *Amor, honor y poder* (comedia del propio Calderón representada en 1623) en que la condesa Salveric, Estela, que ha ido ante el rey Eduardo III de Inglaterra a solicitar clemencia para la vida de su hermano, amenaza con suicidarse empleando un acero que trae si la pasión que dicho monarca siente por ella le lleva a abusar de su honor[32]. Una explicación muy posible a esta añadidura es que el autor

[31] Aunque es el caso de Isabel en *El alcalde de Zalamea*, es porque la hija de Pedro Crespo ya está destinada al convento en que ha elegido vivir. Las otras excepciones parciales serían las esposas sospechosas de adulterio que han sido asesinadas por sus maridos.

[32] Calderón de la Barca, 2017, pp. 247-249, vv. 2661-2740.

de comedias, dándose cuenta de la anomalía de su ausencia, o escribió o mandó escribir la escena añadida para alguna representación concreta. Tal vez pudo haber tomado la idea del pasaje de Don Quijote en el que Luscinda lleva una daga escondida para matarse antes que verse obligada a casarse con Fernando en vez de con Cardenio. Aunque Vera Tassis declaró en «Al lector» de su *Novena parte* que Calderón no reconoció su comedia *Un castigo en tres venganzas* en la *Quinta parte* de 1677 por «verla adulterada y diminuta en la impresión»[33], sin embargo, ante la falta de indicación alguna, ni de la autoría calderoniana, ni de la pérdida de una escena parecida del drama, esta tiene que quedarse relegada al final del registro de variantes.

4. Sinopsis Métrica

Jornada primera

vv. 1-88	Octavas reales.
vv. 89-404	Romance é-o.
vv. 405-564	Décimas.
vv. 565-608	Redondillas.
vv. 609-678	Silvas.
vv. 679-726	Redondillas.
vv. 727-1028	Romance á-a.

Jornada segunda

vv. 1029-1268	Romance é-a.
vv. 1269-1396	Silvas.
vv. 1397-1592	Redondillas.
vv. 1593-1864	Romance é.
vv. 1865-1904	Décimas.
vv. 1905-1972	Redondillas.

[33] *Novena parte*, fol. q7v, y en nuestro Estudio textual.

Jornada tercera

vv. 1973-2234	Romance é-e.
vv. 2235-2322	Redondillas.
vv. 2323-2398	Romance é-o.
vv. 2399-2506	Redondillas.
vv. 2507-2630	Romance á-a.
vv. 2631-2730	Redondillas.
vv. 2731-2780	Décimas.
vv. 2781-2848	Romance í-o.

RESUMEN GENERAL DE LA VERSIFICACIÓN

	núm. de versos	%
Romance	1660	58,28
Redondillas	652	22,89
Décimas	250	8,77
Silvas	198	6,95
Octavas reales	88	3,08

ESTUDIO TEXTUAL

1. Descripción bibliográfica y transmisión textual de los testimonios principales

Como hemos mencionado en el apartado anterior, cuando nos detuvimos a tratar sobre el título de la obra, los testimonios importantes de la comedia *Un castigo en tres venganzas* son cinco, cuatro impresos y un manuscrito, que indicamos aquí brevemente con las siglas que utilizamos para designarlos, antes de proceder a una descripción más completa de cada uno.

D28 *Parte veynte y ocho de comedias de varios autores,* Huesca, por Pedro Blusón, a costa de Pedro Escuer, 1634, fols. 153r-174v.

Ms Manuscrito, British library, Add. 33472 en *Comedias varias,* vol. II, fols. 205-258.

B *Qvinta parte de comedias de D. Pedro Calderón de la Barca, cavallero de la Orden de Santiago*, Barcelona, por Antonio la Cavallería, 1677, fols. 208r-232v.

M *Qvinta parte de comedias de D. Pedro Calderón de la Barca, cavallero de la Orden de Santiago*, Madrid, por Antonio Francisco de Zafra, 1677, fols. 208r-228v.

VT *Novena parte de comedias del célebre poeta español don Pedro Calderón de la Barca, cavallero de la Orden de Santiago* [...], Madrid, por Francisco Sanz, 1691, págs. 285-326.

1.1. Diferentes 28 *(D28)*

PARTE / VEYNTE Y OCHO, / DE COMEDIAS DE / VARIOS AUTORES / 63. / [Escudo de Escuer] / CON LICENCIA, / [file-] /

En Huesca, Por Pedro Bluson Impressor de la / Vniuersidad, Año 1634. / *A costa de Pedro Escuer Mercader de Libros.*

Esta serie de *partes*, numeradas como si fuera una continuación de las de Lope de Vega, y comúnmente conocida como *Diferentes*, lleva varios títulos, como indica Maria Grazia Profeti en su estudio *La collezione 'Diferentes autores'* (1988)[1]. Hemos utilizado el ejemplar de la Biblioteca Nacional cuya signatura es Ti-30. El escudo de Escuer en la *Parte 28* es distinto del utilizado en la *Parte 25* en que se publicó la comedia de Pérez de Montalban en 1632 y 1633, pero idéntico al que aparece en otras publicaciones, sacadas a la luz por otros impresores y en diversas ciudades, pero financiadas también por Escuer: las *Partes treinta, quarenta y dos* y *quarenta y tres de comedias de diferentes autores*, la *Tercera Parte* de las comedias de Tirso, los *Anales cronológicos del abad de Monte-Aragón*, y los *Discursos políticos y avisos del Parnaso de Trajano Bocalini*[2]. La licencia del Dr. Melchor de Alayero fue concedida en Huesca en abril de 1633 y la aprobación de don Diego Amigo en Zaragoza el 27 de octubre de 1633 ([fol. q2r]). D28 contiene el número habitual de doce comedias, tres de las cuales son de Calderón. Además de *Un castigo*, incluye *Amor, honor y poder* y *La devoción de la cruz* (con los títulos de *La industria contra el poder, y el honor contra la fuerza* y *La cruz en la sepultura*, las dos atribuidas a Lope de Vega en vez de a Calderón)[3]. Como indica Profeti, las nueve primeras comedias son desglosables[4], esto es, impresas de tal manera que podrían ser vendidas como sueltas además de constituir parte del tomo. *Un castigo en tres venganzas* es la octava comedia del volumen, que ocupa los folios 153r-174v, con un error en la numeracíon del folio 160, marcado como si fuera el 162.

[fol.] 153[r]: [grabado de una banda ancha de hojas] / VN CASTIGO EN TRES VENGANÇAS. / COMEDIA / FAMOSA. / *DE DON PEDRO CALDERON.* /[5]

[1] Profeti, 1988, pp. 2-3. Ver su detallada descripción bibliográfica del volumen en las pp. 70-77, incluyendo la indicación de ejemplares en otras colecciones europeas y en la Boston Public Library.

[2] Ver las imágenes de los escudos incluidos en las ediciones en la BDH y/o la BVMC y en Profeti, 1988, pp. 70, 93, 123, 136. Es mejor ver la edición de *Un castigo en tres venganzas* en la BVMC, porque los folios de D28 están mal ordenados en la de la BDH.

[3] Ver la lista de los títulos en [fol. q2v].

[4] Profeti, 1988, p. 71.

[5] Otros elementos de la descripción bibliográfica se incluyen en el Aparato crítico.

Titulillos: Vn Castigo en tres venganças, // de Don Pedro Calderon. Vn Castigo en tres venganças. fols. 154v, 157v, 163v.

El texto de D28 está plagado de errores. De hecho, hemos notado unos 70 de mayor o menor evidencia. Algunos de los que son privativos de D28 son, por ejemplo, los siguientes: en el verso 50, Clotaldo, en D28 dice: «Grande la pena es, pue él *supiera*», mientras que en los otros textos es: «Grande la pena es, pues él *suspira*», una reacción más congruente con lo dicho por Enrique en el verso 49: «En confusión la carta al Duque ha puesto». En los otros textos, vv. 1211-1213, Federico pregunta: «¿En la calle de Flor, gente? / ¿En sus *ventanas* y rejas / escalas?», pero D28 tiene «ventas» en lugar de «ventanas». Becoquín en los vv. 1289-1290 explica la ausencia de Federico diciendo «Hoy con otro criado / postas tomó...», pero en D28 se lee «postas *como*». El mismo criado dice en los vv. 2201-2203 «De esperar, desperado / he venido a *resolverme* / a aguardar a mi amo»; D28 recoge *revolverme* en vez de «resolverme». En la lista de las ofensas de Clotaldo que hace el Duque, dice «que a Federico ha envidiado», pero en D28 se dice «embiado». Otras lecturas erróneas de D28 aparecen también en el manuscrito, en B y M, e incluso un número reducido en el texto de Vera Tassis, como veremos más adelante.

1.2. BL Ms. ADD_33472 (Ms)

EL MANUSCRITO ADD. 33472, Vol. II, fols. 205-258 DE LA BRITISH LIBRARY.

[fol.] 205r [en la esquina superior izquierda, una firma] diego pemontes (?) L[egaj]o 21 [a la derecha] 39 [tachado] seguido abajo por 651 [tachado] y [fol.] 205 / Vn castigo en tres Vengançass / [dibujo decorativo] Comedia Famossa [dibujo decorativo] / De Don Pedro Calderon [espiral colgada del trazo final de la n] / Hablan en ella las personas siguientes / [D.P. en dos columnas] / [filete con una espiral hacia arriba en el centro, y otra a la derecha entre «duque» y la espiral] / [espiral acostada] Jornada primera [espiral acostada] /

[Acot. inicial] Salen el Duque Enrrique de camino Manfredo / [espiral acostada] federico y Clotaldo [espiral acostada] /

[Inicio] Duque, Vengas con bien Enrrique donde sean

[fol.] 256r [Final] mia, tuya, y la de Enrrico / fin / dela famossa Comedia de / Vn Castigo en tres venganças / [firma] Dgº martinez de mora [rúbrica] / Diego gª pemontes (?)

En la esquina superior derecha, debajo de un número de página «702» tachado, hay unas líneas cortas apenas legibles: «Flor y io bien / confirmo / lo tratado entre / los dos»

[fol. 256v] – [fol.] 257r: Los versos para la salida de Flor con una daga. Ver la nota al v. 2780.

Este manuscrito de la biblioteca londinense, el único existente de *Un castigo*, está incluido en una colección de dieciséis volúmenes de obras teatrales españolas que tiene como signatura Add MS 33471-33486. En el volumen II, de 691 folios con 12 obras —autos sacramentales y comedias— las seis primeras son piezas de Calderón: *Duelos de amor y lealtad, El pleito matrimonial del cuerpo y el alma, Los misterios de la misa, Siquis y Cupido, El teatro del mundo* [o sea, *El gran teatro del mundo*], y *Un castigo en tres venganzas*, que ocupa los folios 205-258. Diego Martínez de Mora, aunque no es el copista principal del manuscrito, sí hizo varias enmiendas en él, incluyendo la adición en los márgenes de pasajes de entre dos y ocho versos, para un total de 26 versos, y firmó el manuscrito al final de las tres jornadas (fols. 35, 71 y 103), aunque sin añadir «orijinal» y la fecha, como era su costumbre y es posible apreciar en los mejores manuscritos suyos. Martínez de Mora declaró ser «mercader y tratante en comedias» al final de la primera jornada de su copia manuscrita de *El mayor rey de los reyes* de Andrés de Claramonte y Corroy (BNE Ms. 15.278)[6]. Además de elaborar un número considerable de manuscritos[7], pudo haber comprado otros ya hechos, bien para venderlos, bien porque participó de alguna manera en su representación, pues sabemos que era actor, al menos inicialmente, y su hija Mariana actriz. Hay un contrato de 1629 en la cubierta de la tercera jornada del manuscrito (de una mano diferente a la suya) de las *Fullerías de amor*, de Gaspar de Ávila, por el cual se obligaban a cantar y representar el día de

[6] Ver esta declaración, junto con la de haber copiado la obra de memoria, en la ficha con imágenes en <www.manos.net>, <https://manos.net/manuscripts/bne/15-278-mayor-el-rey-de-los-reyes>.

[7] Ver la lista de las copias en que participó que hemos identificado hasta la fecha en <https://manos.net/people/128-diego-martinez-de-mora>, y otros datos sobre él en Greer, 2008.

la Concepción en la localidad madrileña de Leganés e ir ocho días antes para los ensayos a cambio del pago de 73 reales, y un concierto de 1636 por el que se comprometía a ir con su hija a Brihuega (Guadalajara) para que ella actuara en cuatro comedias[8]. Editores calderonianos del calibre de E. M. Wilson, Luis Iglesias Feijoo y Santiago Fernández Mosquera, al trabajar con manuscritos de Martínez de Mora han reconocido la buena calidad de ellos y han concluido que, aunque no pueden preferirse generalmente a la *princeps*, son útiles para corregir errores de los impresos[9]. Nosotros hemos llegado a la misma conclusión. El manuscrito no puede ser el texto base porque falta en él un pasaje de catorce versos que figura en las ediciones impresas. Los que faltan en el manuscrito son los vv. 100-113, esto es, la primera parte de la explicación de Manfredo al Duque de su aparente indiferencia a las malas noticias recibidas en la carta de su enemigo. Su omisión deja la respuesta de Manfredo mucho más corta que las de Enrique, Federico y Clotaldo, lo que afecta, por su falta de equilibrio, a la intensidad dramática de dicha escena.

Otra mano, todavía sin identificar pero a la que hemos asignado el número P977 en la base de datos <www.manos.net>, agregó cuatro versos en la segunda jornada que se incluyeron después del 1440, y una escena de unos 30-35 versos de tono muy melodramático para añadirse hacia el final de la tercera, después del 2780, en la que Flor, creyendo que su amado Federico ha muerto por culpa de Clotaldo y el Duque, sale con una daga pidiendo que este último la mate a ella también. El momento exacto de su inserción está señalado en el folio 254v con letra de Francisco de Rojas, el sacerdote y dramaturgo menor que era capellán de San Ginés en 1632[10] y luego fue capellán menor del Hospital General[11]. Además de componer algunos autos y comedias, Rojas hizo correcciones menores en muchos manuscritos, como puede comprobarse en la lista de los que hemos identificado en su ficha incluida en <www.manos.net>. Rojas indica la inserción en el margen del folio con la acotación «Sale Flor con una daga en la mano», y añade, «mírese al fin desta xornada». Rojas también añadió en el fol. 257r, al final de los

[8] Ver en DICAT (citando a Paz y Meliá, 1934, p. 221, y Pérez Pastor, 1901, p. 253) las entradas correspondientes a Diego y Mariana Martínez de Mora.

[9] Ver Greer, 2008, p. 206.

[10] Según su declaración al final de la comedia *El martirio de Santa Lucía, Virgen y mártir*, BNE Ms. 14.985, en <https://manos.net/manuscripts/bne/14-985-martirio-el-de-santa-lucia-virgen-y-martir>.

[11] Urzáiz Tortajada, 2002, vol. II, p. 562.

versos de la escena adicional, el verso 2781 de Manfredo («ya es tiempo famoso Carlos») para indicar la vuelta al texto principal. Y la mano de P977 añadió dos versos al lado del final de la comedia (fol. 256r) para intercalar después del verso 2845 de Manfredo («Flor – y io tanbien confirmo [/] lo tratado entre los dos») las mismas líneas apenas legibles escritas en la esquina superior de la primera página del manuscrito. Hay otra firma de un tal Diego García (¿Pemontes o Pamontes?) que la añadió en el fol. 1r, sobre el título de la obra, y en el fol. 103, después de la firma de Martínez de Mora. No parece ser la misma mano de P977, aunque las firmas muchas veces tienen poco que ver con la letra cursiva de un escritor.

Los otros manuscritos con fecha copiados por Martínez de Mora, o que indican ser propiedad suya, datan de los años 1629-1635, cuando la venta de manuscritos habría suplido en el mercado la ausencia en el reino de Castilla de nuevas ediciones de *partes* a causa de la negativa del Consejo de Castilla de conceder licencias de impresión[12]. El añadido al final del segundo acto del título *De un castigo tres venganzas* puede indicar la influencia de la publicación de D28, que presenta tal título en el índice; o puede ser que los dos títulos ya circularan en otro(s) manuscrito(s) de los que se derivan tanto D28 como nuestro manuscrito. En cualquiera de estos casos, parece que el que tenemos fue producido en dos o tres fases: 1) la copia del texto por el amanuense principal; 2) la adición de versos por P977; y 3) las adiciones y enmiendas de Martínez de Mora. Si se sumaran todos los versos de los cinco textos principales, el total de 2921 versos no llegaría a la norma de la comedia nueva de 3000, porque el texto base de D28 es algo corto, aunque más largo que otras comedias calderonianas famosas, como, por poner un ejemplo significativo, *El alcalde de Zalamea*. No incluimos dichas adiciones en el texto editado, pero hemos indicado las cortas en notas a pie de página, y la escena añadida por P977 en el Aparato crítico.

Aparte de estas añadiduras, el texto del manuscrito es mejor que el de D28, con unos 35 errores a corregir, en contraste con los 70 de D28. Nuestro estudio de ambos indica que estas dos versiones tempranas descienden de la misma rama textual al menos en parte, que se separa en un número significante de casos de la que conduce a los textos B y M. Incluimos aquí algunos ejemplos con nuestro juicio sobre su valor:

[12] Moll, 1974.

654 ¿de quien me he de *fiar* si de una amiga D28, Ms] me he de *valer* B, M, VT

Es un variante indiferente.

1042 si *caminauas* con ellas D28, Ms, VT] si *caminava* B, M

Federico se dirige a Becoquín, por lo cual la lectura de B y M es errónea.

1127 Solo esto quiero que digas D28, Ms, VT] que *me* digas B, M

La lectura de B y M es hipersilábica.

1351 *Si assiendo* D28] *si asi biendo* Ms; *si assistiendo* B, M, VT

Probablemente D28 y Ms copian un verso difícil de leer, resolviéndolo de otra manera; la lectura de B, M y VT es preferible.

1520 buen hombre *os entra, y saca* D28, Ms] *os entrais aca* B, M, VT

El uso de «y» y la separación de palabras en los testimonios D28 y Ms da como resultado una lectura diferente de la de B y M. Ambas son posibles, pero la de B y M nos parece más probable.

2321-2322 pues con penas he mezclado / las *glorias* que ya posseo D28, Ms] pues con penas he mezclado / las *penas* que ya posseo B, M; pues con penas he mezclado / las *penas* que *yo* VT

Elegimos la lectura de D28 y Ms por parecernos que Calderón no habría repetido «penas», aunque el ajuste de VT cubre bien el error de copia de B y M.

2600-2601 concha de la mar preciada, / *perla* que el honor vincula D28, Ms, VT] concha de la mar preciada, / *prende* que el honor vincula B; *prenda* que el honor M

Calderón emplea una metáfora del cuerpo y el corazón como «concha» y «perla» en varias obras: el auto *Amar y ser amado y divina Philotea*, las comedias *Apolo y Climene*, *Céfalo y Pocris* y *Mejor está que estaba*.

Además, el manuscrito incluye muchas acotaciones que no aparecen ni en D28, B, ni en M. Esto es típico de los manuscrito de Martínez de Mora, que tiene un aprecio especial por los aspectos prácticos de la representación. Pero también contiene algunas lecturas que no aparecen en los otros testimonios, ya sean errores o variantes indiferentes. Estos son más númerosos que aquellos. Algunas lecturas que son, o parecen ser, erróneas, son las siguientes:

	D28, B, M, VT	Ms
vv. 174-178	Federico, pues haciendo	Federico pues haciendo
	a la admiración de Enrique	a la admiración de Enrrique
	equiuocados *intentos*,	equiuocados *affectos*
	como son a la lealtad	como son a la lealtad
	y a la culpa en tu concepto	y a la culpa en tu conçepto
vv. 553-554	seré yo la Flor del sol	sere yo la flor del sol
	que le està adorando siempre	que le este adorando ~~siempre~~ [ausente

Martínez de Mora ha tachado «siempre», remplazándolo con «ausente», porque Federico está lamentando ser expulsado de la corte por el Duque. Pero «siempre» es coherente con la historia de Clicie evocada por Flor.

v. 794	con muchos sentidos *habla*	con muchos sentidos *hablas*

Este verso es un *aparte* de Flor, vinculado con las palabras de su padre, como indica la acotación añadida en el manuscrito, por lo cual la tercera persona del verbo es correcta.

v. 1226	Pues no importa que se *pierda*[*n*]	Pues no importa que se *pierda*

Becoquín advierte a Federico del peligro de perder honor y vida, por lo cual la forma plural es acertada.

v. 1543	Que razón no ha de *guardar*	que razón no a de *aguardar*
vv. 2108-09	Porque valerse	Porque ualerse
	quiso del valor, y yo,	*quise* del balor y yo

Federico dice que fue el hombre (desconocido para él en aquel momento) que quiso servirse del valor, no él mismo.

v. 2143	por ocasiones que callo	viendo el traje que llebaba

El copista principal del manuscrito ha introducido este verso entre líneas, probablemente para suplir una omisión en el texto que copiaba:

v. 2216	Acaso no *puedo* verle	Acaso no *puede* uerle

Martínez de Mora u otra mano ha modificado «puedo» por «puede».

vv. 2525-27	con sangre de enemigos *en su infancia*: *En competencia* serui	con sangre de enemigos *de Ramada* *desde mi niñez* serui

Las enmiendas que lo separan de los otros textos son de mano de Martínez de Mora, como es el caso de otras diferencias menores que no citamos aquí pero notamos en notas a pie de página al texto y/o en el Aparato crítico.

1.3. Quinta parte, *«Barcelona» (B)*

[Dentro de un marco de 3 bandas de follaje, en negro, rojo y negro] QVINTA PARTE [en rojo] / DE / COMEDIAS [en rojo] / DE D. PEDRO CALDERON DE / la Barca, Cavallero de la Orden de Santiago. / [grabado de halcón y león] / CON LICENCIA [en rojo] / [filete] / En Barcelona, [en rojo] Por Antonio la Cavalleria. / Año de 1677. [en rojo]

q 2 *APROBACION DEL RMO. P. M. Fr. IAYME / Castellar del Orden de N. Señora de la Merced, Redempcion de Cautiuos, Calificador del Santo Oficio.* / Por comission del Ilustrissimo señor Don Luis de Iosa, Canonigo, Vicario General del Ilustrissimo, y Reuerendissimo señor Don Fr Alonso de Sotomayor, Arçobispo de la Ciudad de Barcelona del Consejo de su Magestad; &c. [....] En Barcelona, en el Real Convento de / Santa Eulalia, del Real, y Militar Orden de Nuestra Señora de la Merced, Redempcion de Cautiuos En 10. de Iulio de 1676. / *Fr. Iayme Castellar. / Die 15 Iulij 1676. /Imprimatur, / De Iosa, Vic. Gen.& Offic.* [banda de follaje] / TASSA. / Tassaron los Señores del Consejo este libro, / *Quinta parte de Calderon,* a seis marauedis cada pliego, como consta de su Original. Madrid, y / Março 18 de 1677.

[q 2v] TITVLOS DE LAS COME- / dias que tiene este libro, quinta / parte de D. Pedro Calderon / de la Barca.

[f] 208 / VN CASTIGO EN TRES VENGANAS. / COMEDIA FAMOSA / *DE DON PEDRO CALDERON.*

[fol. 232v] F I N.

Hemos utilizado el ejemplar de la Biblioteca Nacional (R/12.589), que está incluido ahora en la Biblioteca Digital Hispánica[13]. *Un castigo en tres venganzas* es la última comedia de las diez del volumen, ocupando los folios 208r-232v. Las otras de la *Quinta parte* son: *Fieras afemina amor* (con su loa y el *Entremés del triunfo de Juan Rana*), *La estatua de Prometeo, El Tuzaní del Alpujarra, La crítica del amor, El rey don Pedro en Madrid y infanzón de Illescas, Amado y aborrecido, Cómo se comunican dos estrellas contrarias, El jardín de Falerina* y *Darlo todo y no dar nada.*

Esta *parte* tiene la distinción de ser la más condenada de las de Calderón, empezando por los reparos que le puso el propio dramaturgo. En palabras suyas contra los impresores, señala que

> ha salido agora con un libro intitulado: *Quinta parte de Comedias de Calderón*, con tantas falsedades, como haberse impreso en Madrid, y tener puesta su impresión en Barcelona, no tener licencia, ni remisión, ni del Vicario, ni del Consejo, ni aprobación de persona conocida, y finalmente, de diez Comedias que contiene, no ser las cuatro mías, ni aun ninguna pudiera decir, segun están no cabales, adulteradas, y defectuosas, bien como trasladadas a hurto para vendidas, y compradas de quien ni pudo comprarlas, ni venderlas[14].

Calderón tenía razón en denunciar la falsedad de la impresión de la *Quinta parte.* Dos ediciones diferentes aparecieron con la fecha de 1677, una supuestamente publicada en Barcelona y la otra en Madrid. Cotarelo pensaba que la *princeps* era la de Madrid, que la de Barcelona era realmente una copia pirata, y que Calderón había confundido las dos ediciones[15]. Luego S. E. Leavitt sostuvo la prioridad de la edición

[13] Ver <http://bdh-rd.bne.es/viewer.vm?id=0000134111&page=1>. Una completa descripción bibliográfica del mismo puede consultarse en la edición de Greer de *La estatua de Prometeo* (Calderón de la Barca, 1986a, pp. 217-218).

[14] Calderón de la Barca, 1677a [fol. q7v]; ver más detalles en <http://bdh-rd.bne.es/viewer.vm?id=0000071924&page=1>.

[15] Cotarelo y Mori, 2001, pp. 335-337. En la nota 1, p. 336, dice «Sobre esta [edición] de Madrid se hizo, como siempre, el plagio de Barcelona».

de Barcelona, que presumió ser auténtica[16]. Las investigaciones de Don Cruickshank y Jaime Moll han demostrado la pertinencia de la condena de Calderón, que habría visto solo la edición supuestamente de Barcelona, porque la aparición de la de Madrid no hubiera sido con tiempo suficiente para que el dramaturgo la viera antes de escribir el prólogo de la edición de los autos con su queja de los abusos de los impresores[17]. La edición de «Barcelona» es una falsificación, motivada probablemente por el deseo de evitar los requisitos legales del Consejo de Castilla. El estudio por parte de Cruickshank de los grabados y las fuentes tipográficas empleadas evidencia que en la producida en Madrid intervinieron dos impresores, uno de los cuales fue Melchor Sánchez y el otro posiblemente Bernardo de Hervada[18]. Donde parece haber errado Calderón es en negar la autoría original de cuatro de las doce comedias allí incluidas. Dos de las obras seguramente no son suyas: *El rey don Pedro* y *Cómo se comunican dos estrellas contrarias*; pero *El Tuzaní de la Alpujarra*, conocida también por el título de *Amar después de la muerte*, es indudablemente de su autoría, y *La crítica del amor* es, en realidad, la comedia *No hay burlas con el amor*, que también es suya[19]. En cuanto a la imperfección de los textos, Calderón acierta, aunque el de «Barcelona» es menos defectuoso que el de D28 y contiene aproximadamente el mismo número de errores que hemos identificado en Ms.

1.4. Quinta parte, *«Madrid» (M)*

[Marco de follaje] QVINTA PARTE / DE / COMEDIAS / DE D. PEDRO CALDERON / DE LA BARCA, CAVALLERO DE / LA ORDEN DE SANTIAGO. / AL EXCELENTISSIMO / Señor D. Iñigo Melchor Fernandez de Valasco y / Tovar, Condestable de Castilla, y de Leon, Camarero Mayor del Rey N. Señor, [...] *y Governador de los Reynos de Castilla.* / CON LICENCIA. [filete] / EN MADRID: Por

[16] Leavitt, 1972, pp. 209-211.

[17] Cruickshank, 1973a, pp. 10-11.

[18] Cruickshank, 1973b, pp. 206-208. Ver su análisis de los preliminares de «B» en el mismo artículo, en concreto, en las pp. 202-204.

[19] No es cierto lo que dice Checa (Calderón de la Barca, 2010, p. 102) de que Cruickshank identifica *La crítica del amor* con *Cómo se comunican las estrellas*. En uno de sus artículos citado (1973b, p. 203), identifica la obra con *No hay burlas*, texto que Cruickshank y Page han publicado en su traducción al inglés *Love is no laughing matter* (Calderón de la Barca, 1986b).

Antonio Francisco de Zafra, *Y à su costa.* / Vendese en su casa en la Calle de los Negros. Año 1677.

[fol. sin número] *SVMA DE LA LICENCIA.* / Tiene licencia de los Señores del Consejo Real de su Magestad / Antonio de Zafra, Impressor de Libros, para poder imprimir vn / libro intitulado *Quinta parte de Comedias de D. Pedro Calderon,* por / vna vez, y no mas. Despachado ante Diego de Vrueña Nauamuel, / Secretario de Camara de su Magestad. Madrid 10 de Abril de 1677. / à que me remito . / *Diego de Vrueña / Navamuel.* [banda de follaje / FEE DE ERRATAS. / [...] Este libro intitulado *Quinta parte de Comedias de Don Pedro Calde- / ron,* con estas erratas, corresponde al que antes estava impresso, que / rubricado sirve de original. Madrid, y Iulio 27 de 1677. / *Licenciado D. Francisco / Forero de Torres.* [banda de follaje] *SVMA DE LA TASSA.* / Tassaron [...] Madrid, y Iulio 30. / de 1677.

[fol. sin número, v.] TITVLOS DE LAS COME- / dias que tiene este libro, quinta parte / de Don Pedro Calderon de la / Barca.

q- [q4r] AL EXCELENTISSIMO / SEÑOR DON IÑIGO MELCHOR FER- / nandez de Velasco y Tovar, Condestable de Castilla, [...] Criado de V. Exc. que S. M. B. / *Antonio Francisco de Zafra.*

Un castigo en los fols. 208r-232v [i.e. 228v; mal numerados los folios desde el fol. 213].

[f] 208 / VN CASTIGO EN TRES VENGANZAS. / COMEDIA FAMOSA / *DE DON PEDRO CALDERON.*

Hemos utilizado el ejemplar de la Biblioteca de la University of North Carolina at Chapel Hill (PQ6280.A5 1677) y la edición facsímil del volumen publicada por J. E. Varey y D. W. Cruickshank, que se basa en el ejemplar de la Biblioteca Apostólica Vaticana.

La edición de Madrid, una reproducción folio por folio de B, fue una publicación autorizada con la licencia y la aprobación firmadas por Diego de Urbeña [Vrueña] Navamuel el 10 abril de 1677 y por Francisco Forero de Torres el 27 de julio de 1677. Todo hace pensar que habría sido producida rápidamente para aprovecharse del éxito de la edición de «Barcelona». El privilegio de impresión solo protegía una publicación en el reino donde se emitía, y era más fácil conseguir la aprobación para una obra impresa. Como escribió Moll

> Legalmente, una obra editada en un reino podía ser reeditada en otro. Y para el editor resultaba más barato pedir licencia para editar una obra de

éxito y beneficio seguros, cuya primera edición había salido en un reino distinto del suyo [...], que comprar a un autor el privilegio de una obra de acogida dudosa. No se trata de ediciones piratas, sino de un escaso desarrollo de propiedad intelectual[20].

M corrige algunos de los errores de B, como, por ejemplo, los siguientes:

	B	M
v. 580-81	Nada importa como intentes *ayudame* tu.	Nada importa, como intentes *ayudarme* tu.
v. 612	objeto singular de mi *tisteza.*	objeto singular de mi *tristeza*
v. 1248	que la mudan, y *desculgan*	que la mudan, y *descuelgan*
v. 2291	Oy la postrera *experiedcia*	Oy la postrera *experiencia*
v. 2510	su estoque en la casa de *Astria*	su estoque en la casa de *Austria*
v. 2527	En *campetencia* servi	en *competencia* servi
v. 2606	que vna *penda* imaginada	que vna *pena* imaginada

Pero M incurre en otros errores, haciendo que el total de ellos sea casi igual en las dos ediciones:

	B	M
v. 6	en tronco tan *inutil* los abraços	en tronco tan *inuti* los abraços
v. 254	no a todos *les* consta esso	no a todos *le* consta esso
v. 284	y de *estos* estados dueño	y *de los* estados dueño
v. 625	*Serenese* tu cielo	*Serene* tu cielo
v. 1806-07	porque al mentiroso es bien no *creerle* las verdades	porque al mentiroso es bien no *creerles* las verdades
v. 2054	detràs de aquestos *canceles*	detras de aquestos *cendales*
v. 2248	pues siempre conoci *en* èl	pues siempre conoci el [*en* omitido]
v. 2487	a *los* tratos de Saxonia	a *dos* tratos de Saxonia

Hay tres instancias en las que la lectura errada de B es igual a la de D28 y corregida en M, pero ninguna en que D28 y M compartan una lectura errónea que esté bien en B, lo cual indica que la fuente de M fue B, sin que se recurriera a D28:

[20] Moll, 1973, p. 208.

	D28, B	M
v. 1083	*dize* en fin que te esperaua	*dixe*, en fin, que te esperava
v. 1563-64	Estoy ya rendido, al *passo* que he sustentado oy	Estoy ya rendido, al *pesso* que he sustentado oy
v. 1869	*Retirada* y escondido	*retirado*, y escondido

Mas común son los errores de D28 que se reproducen en las dos ediciones de la *Quinta parte*:

	D28, B, M	Ms, VT
v. 483	no he de *detenerle* yo	no he de *detenerte*
v. 1350	de *tres* sentidos dueño	de *tus* sentidos dueño
v. 1413	*las* dos huistes	*los* dos huistes
v. 2026	por solo un *susquicio* entre	por solo un *resquicio* entre
v. 2350	ocaso estos *nietos*	ocaso estos *yerros*
v. 2662	y *vivo* yo	y *viva* yo

VT reproduce un error derivado de D28, B y M que no ocurre en Ms. La lectura «Los dos» es correcta, porque Federico habla de Flor y del hombre que subió la escala y se metió en su aposento:

v. 1722	lo que *las* dos sabeis	lo que *los* dos os sabeis

Y en una ocasión, Ms y VT ofrecen soluciones diferentes a un verso sin sentido de D28, B y M:

v. 2330	cubierto de horror el *cuello*	cubierto de horror *el zielo* – Ms cubierto de horror *el suelo* –VT

Martínez de Mora ha enmendado «cuello» en «zielo» en Ms.

B comparte numerosos errores con M; aparte de los registrados arriba, estarían también los siguientes:

	B, M	Otros textos
v. 161	que hizo en nosotros la *cara*	que hizo en nosotros la *carta* en D28, Ms, VT
v. 559	¿Quién *la* assegura	*la segura* D28; *la asigura* Ms; *lo* assegura VT; el pronombre neutro es correcto porque se refiere a la oración anterior.

v. 1127	Solo esto quiero que *me* digas	que digas D28, Ms, VT, correcto; «me» da una verso hipermétrico.
v. 1175	de *Flora* unos carros largos	de *Flor* unos carros largos D28, Ms; En este caso, VT reproduce el error de B y M, no derivado de D28.
v. 1624	¿Aun tu no *la* sabes bien?	¿Aun no *lo* sabes bien D28, Ms, que es correcto, refiriéndose a la oración anterior; en VT, ¿Aun tu no los sabes bien?, que es posible, por referirse a «los peligros» mencionados en aquella oración.
v. 2298	ha ser juzgado	ha *de* ser juzgado D28, Ms, VT

Hay unas tres instancias en que B y M presentan errores diferentes:

	D28, Ms, VT	B	M
v. 310	nada le falta al *concepto*	*cercepto*	*tercepto*
v. 1262	aqui *no me* hallè	aqui *me* halle	aqui *ni* halle
v. 2601	*perla* que el honor	*prende*	*prenda*

Resumiendo esta evidencia, queda confirmado lo que apuntó Jorge Checa[21] en su momento, esto es, que M no usa como fuente textual otro testimonio más que B.

1.5. Novena parte *(VT)*

NOVENA PARTE / DE / COMEDIAS / DEL CELEBRE POETA / ESPAÑOL, / DON PEDRO CALDERON / DE LA BARCA, / CAVALLERO DEL ORDEN DE SANTIAGO, / Capellan de Honor de Su Magestad, y de los señores Reyes / Nueuos en la Santa Iglesia de Toledo; / QUE NVEVAMENTE CORREGIDAS, / PVBLICA / DON IVAN DE VERA TASSIS Y VILLARROEL / Fiscal de las Comedias destos Reynos, por Su Mag. / *Y las ofrece / AL EXCELENTISSIMO SEÑOR DON IÑIGO / Melchor Fernandez de Velasco y Tovar, Condestable de Castilla, / y de Leon, Camarero Mayor del Rey nuestro señor, su Copero / Mayor, su Cazador Mayor, y su Mayordomo Mayor, de los / Con-*

[21] Checa, 2010, p. 102.

sejos de Estado, y Guerra, Comendador de Vsagre en la Orden , / y Caualleria de Santiago, y Treze della, Duque de la Ciudad / de Frias, &c. / [tres asteriscos] / [filete decorativo] / CON PRIVILEGIO. [tres asteriscos] / EN MADRID: Por *Francisco Sanz*, / Impressor del Reyno, / y Portero de Camara de Su Magestad, Año de 1691[22].

[fol. q2 v?] [retrato de Calderón] En la digitalización de la Biblioteca Nacional de Austria en Viena el retrato precede al frontispicio.

[fol.] q3-[fol. q4v] [Dedicatoria]: AL EXC^MO^ SEÑOR / DON IÑIGO MELCHOR / FERNANDEZ DE VELASCO Y TOVAR, / [....] *Don Iuan de Vera Tassis / y Villarroel.*

[fol. q5r] SVMA DE LA APROBACIÓN / POR Comission del señor Doctor Don Antonio Pascual, Arcediano de la Selvas, Dignidad en la Santa Iglesia de Girona, y Vicario de / esta Villa de Madrid, y su Partido, aprobò este Tomo de la Nouena Parte, y todos los demàs de Comedias de Don Pedro Calderon de la Barca, Cauallero del Orden de Santiago, Capellan de Honor de Su Magestad, y de los señores Reyes Nueuos en la Santa Iglesia de Toledo, el Reverendissimo Padre Maestro Fray Manuel de Guerra y Ribera, Doctor Theologo, y Cathedratico de Filosofia en la Vniuersidad de Salamanca, Predicador de su Magestad, y su Theologo, Examinador Synodal deste Arçobispado, del Orden de la Santissima Trinidad, Redencion de Cautiuos. Su fecha en Madrid à catorce de Abril de mil seiscientos y ochenta y dos.

[fol. q5v]: SVMA DE LA APROBACION. / POR Mandado del Real Consejo de Castilla, se aprobò este Libro de la *Nouena Parte*, y todos los demàs de Comedias de Don Pedro Calderon de la Barca, Cauallero del Orden de Santiago, Capellan de Honor de Su Magestad y de los señores Reyes Nueuos en la Santa Iglesia de Toledo, por Don Iuan Baños de Velasco, Chronista general destos Reynos de Castilla, y Leon. En Madrid à seis de Mayo de mil seiscientos y ochenta y dos. / [filete] / SVMA DEL PRIVILEGIO. Tiene Priuilegio Don Iuan de Vera Tassis y Villarroel, para poder èl, ò quien su poder tuviere, y no otra persona alguna, imprimir por tiempo de diez años este Libro intitulado, *Nouena Parte de Comedias,* Obra Posthuma de Don Pedro Calderon de la Barca, Cauallero del Orden de Santiago, &c. como mas largamente consta de su original, que està firmado de Su Mag. y refrendado de D. Antonio

[22] Puede consultarse esta edición de la Biblioteca Nacional de Austria: <http://digital.onb.ac.at/OnbViewer/viewer.faces?doc=ABO_+Z175891204>.

de Zupide y Aponte, su Secretario. Fecho en Madrid à 25 de Mayo de 1682. / FEE /[23]

[fol. q6r]: LICENCIA DEL ORDINARIO. / NOS El Doct. Antonio Pascual, Arcediano de las Selvas, Dignidad en la Santa Iglesia de Girona, y Vicario desta Villa de Madrid, y su Partido, por la presente, y por lo que à Nos toca, damos licencia para que se pueda imprimir, è imprima vn Libro intitulado, Nouena / Parte de Comedias, su Autor Don Pedro Calderon de la Barca, Cauallero, que fue, del Orden de Santiago, Capellan de Honor de su Magestad, y de los señores Reyes Nueuos en la Santa Iglesia de Toledo, atento por la censura del Reuerendissimo Padre Maestro Fray Manuel de Guerra y Ribera, del Orden de la Santissima Trinidad, Predicador de su Magestad, Nos consta no tiene cosa contra Nuestra Santa Fè, y buenas costumbres. / Dada en Madrid à diez y siete de Abril de mil seiscientos y ochenta y dos años. / *Doct. D. Antonio Pascual.* Por su mandado, *Iuan Aluarez de Llamas.* / Notario. / SVMA/

[fol. q6v] FEE DE ERRATAS. / (Las erratas señaladas no tienen que ver con el texto de *Un castigo*)

[fol. q7r] SVMA DE LA TASSA. / TASSARON Los señores del Consejo Real de Castilla este Libro intitulado, Nouena Parte de Comedias, Obra Posthuma de Don Pedro Calderon de la Barca, Cauallero del Orden de Santiago, Capellan de Honor de su Magestad, y de los señores Reyes Nueuos en la Santa Iglesia de Toledo, à seis marauedis cada pliego, como consta de su original, despachado en el Oficio de Domingo Leal de Saauedra, Escriuano de Camara de su Magestad. En Madrid à diez de Febrero de mil y seiscientos y nouenta y vn años.

[fol. q7v–q8r] AL LECTOR. / PONGO En tus manos, y en el Teatro comun este Noueno Tomo de Comedias del cèlebre Poeta Español, Don Pedro Calderón de la Barca: ninguna de ellas la leeràs como andava manuscrita, ò impressa; porque solicitando vnas, y otras originales, se ha procurado corregir, y ajustar con la mayor legalidad possible esta impression [...]

La Comedia de Amar despues de la Muerte [...] la desconociò por suya Don Pedro, no tanto por hallarla con el titulo del Tuzani de la

[23] Este reclamo señala la página Fee de Erratas, que no es la inmediatamente siguiente, sino el vuelto de la posterior. Parecen haberse trastocado la Suma de la Tassa con la Fee de Erratas. Señalan este error de imprenta Cruickshank y Varey en la edición facsimilar.

Alpujarra, quanto por verla adulterada, y diminuta en la impresion. La de Vn castigo en tres venganças, que tambien está en la Quinta falsa, padecia la misma calamidad; y por esso se anota alli, y aqui se publican ambas, desmintiendo los errores de la Prensa [...]

[fol. q8v] TABLA DE LAS COMEDIAS QUE / contiene esta Parte Nouena.

Titulillos: *Vn castigo en tres venganzas.* // *De D. Pedro Calderon de la Barca.*

Un castigo en tres venganzas es la séptima comedia del volumen, págs. 285-326. Las otras son: *Las armas de la hermosura*, *Amado y aborrecido*, *La señora y la criada*, *Nadie fie su secreto*, *Las tres justicias en una*, *Amar después de la muerte*, *Duelos de amor y lealtad*, *Céfalo y Pocris*, *El castillo de Lindabridis*, *Bien vengas mal* y *Cada uno para sí*.

Juan de Vera Tassis y Villarroel, amigo de Calderón y autor él mismo de una docena de comedias además de otros textos menores, después de la muerte de aquél en 1681 emprendió la labor de publicación de la mayoría de las comedias calderonianas en nueve *partes*. Aunque empezó con la *Verdadera quinta parte* en 1682, no incluyó *Un castigo* en aquel volumen, sino en la *Novena parte* publicada en 1691. Una segunda edición de esta serie de nueve volúmenes fue publicada entre 1715 y 1731.

Como observa Fernando Rodríguez-Gallego, las ediciones de Vera Tassis están hechas con cuidado, mucho mejor que las *partes* publicadas en vida de Calderón, con pocos errores, buena puntuación y más acotaciones que las anteriores. Junto con la segunda edición del siglo XVIII, la serie de Vera Tassis se convirtió en «la *vulgata* de los textos calderonianos, pues también sirvió de base, directa o indirecta, a otras importantes colecciones como las de Apontes, Keil o [...] Hartzenbusch»[24]. En la primera mitad del siglo XX, sin embargo, el valor de sus textos fue puesto en entredicho por la cantidad y la naturaleza de las enmiendas que introdujo, un buen número de ellas no basadas en testimonios antes desconocidos, sino que presentaban una naturaleza arbitraria y estaban impulsadas por su propio criterio estético. Al editar *La estatua de Prometeo*, comparando sus enmiendas con las lecturas del manuscrito 1-110-12 de la Biblioteca Histórica Municipal de Madrid, Greer encontró que un 47% de sus enmiendas resultaban acertadas, frente a un 53% de naturaleza arbitraria. Pero como concluye Rodríguez-Gallego, aunque

[24] Rodríguez-Gallego, 2011, pp. 56-57.

Vera Tassis «no parece haber conocido en la mayor parte de las ocasiones sino las partes publicadas en vida de Calderón»[25], es importante estudiar cada comedia en detalle. Nuestro análisis de *Un castigo en tres venganzas* prueba la veracidad de su conclusión.

Hemos utilizado los ejemplares de la Biblioteca de la University of Pennsylvania (que tienen como signaturas PQ6281. A2 1691b v. 9 y PQ6281. A2 1691b v. 9 cop. 2) y la edición facsímil preparada por Cruickshank y Varey[26]. Nuestro estudio de las variantes en el texto de Vera Tassis frente a los otros de *Un castigo* nos permite afirmar que, en nuestro caso, el editor hacía referencia tanto al manuscrito como a B, M, y tal vez a D28. En algunas instancias es difícil eliminar la posibilidad de que Vera Tassis haya hecho su enmienda *ope ingenii* por la lógica del texto y su familiaridad con el estilo de Calderón y no con referencia al testimonio del manuscrito, como puede observarse en los siguientes ejemplos:

	Ms, VT	D28, B, M
v. 326	*recipe* para este enfermo	*recibe* para este enfermo
v. 997	hallo a Enrrique su sobrino	hallo a Enrique, *y* su sobrino
v. 1413	que como *los* dos huisteis	Que como *las* dos huysteys
v. 2026	por solo un *resquicio* entre	por solo un *susquicio* entre

Pero hay otros en los que nos parece claro que se deriva del manuscrito, o por ser una lectura indiferente y no una corrección, o por ser improbable que haya dado de otra manera en la misma lectura. He aquí algunos ejemplos:

v. 605	pero *cansarte* es herror	pero *cansarse* es error (la «s» de «cansarse» ha cambiado a «t» en el manuscrito). Las dos lecturas son igualmente posibles.
v. 696	porque vos *tengais al uella*	porque vos *tengays en ella*
v. 709	para *hablar* en esto a sido	para *hablarme* en esto ha sido («me» tachado después de «hablar» en Ms)

[25] Rodríguez-Gallego, 2011, p. 57.

[26] El ejemplar de la BNE, TI/164 ha sido retirado de consulta por deterioro, pero existe una copia microfilmada.

v. 1989	*vna* carroça, no sean	*vuestra* carroça, no sean («vuestra» modificada en «vna» en Ms)
v. 2123	el rostro, *pero* no el alma	el rostro, *mas* no el alma («mas» modificado a «pero» en Ms)
v. 2350	pues son mi ocaso estos *yeros*	pues son mi ocaso estos *nietos* («nietos» modificado a «yeros» en Ms)

Resulta interesante que la mayoría de esta clase de lecturas compartidas entre Ms y VT, como la del verso 2350, se derivan de correcciones hechas por sobrescrito en el manuscrito. Son enmiendas pequeñas y por eso difíciles de asignar a una mano, sea la de Martínez de Mora u otro corrector.

Hay dos versos donde Vera Tassis adopta la lectura o de D28 o de B frente a las de Ms o M:

	D28, B, VT	Ms	M
v. 774	quiero atreuerme *a apurarlas*	atreuerme *apurarlas*	*a apurarla*
v. 923	En yendose *aquesse* hidalgo	*aquel* hidalgo	*aqueste* hidalgo

Hay también dos en que adopta la lectura de M:

	D28, Ms, B	M, VT
v. 80	Clotaldo se *suspende* y se suspende	Clotaldo se *entristeze*, y [*se suspende*
v. 1504	y *poniendole* en sagrado	y *poniendola* en sagrado

Con esta evidencia, nos parece probable que Vera Tassis se aprovechó de las tres ediciones impresas (D28, B y M) y del manuscrito enmendado por Martínez de Mora. Aparte de los ejemplos citados, entre las correcciones textuales que introdujo, pequeñas o mayores, hemos encontrado 101 arbitrarias, sin contabilizar los cambios y adiciones a las acotaciones.

2. La transmisión textual posterior

2.1 La segunda edición de la Novena parte *de Vera Tassis de «1698»*

[q 1r] [Frontispicio] NOVENA PARTE / DE / COMEDIAS / DEL CELEBRE POETA / ESPAÑOL, / DON PEDRO CALDERON / DE LA BARCA, / CAVALLERO DEL ORDEN DE SANTIAGO, / Capellan de Honor de su Magestad, y de los señores Reyes / Nuevos en la Santa Iglesia de Toledo; / QUE NUEVAMENTE CORREGIDAS, / PUBLICA / DON JUAN DE VERA TASSIS Y VILLARROEL; / Fiscal de las Comedias destos Reynos, por su Mag. / *Y LAS OFRECE / AL EXCELENTISSIMO SEÑOR DON IÑIGO / Melchor Fernandez de Velasco y Tovar,* [...] &c. / [tres asteriscos] CON PRIVILEGIO. [tres asteriscos] / [filete] / EN MADRID: Por *Juan Garcia Infanzon,* Año de 1698.

[q. 1v] en blanco

[q 2r] retrato de Calderón

[q 2v] en blanco

q3r-[q4v] AL EXC.MO SENOR / DON IÑIGO MELCHOR / FERNANDEZ DE VELASCO Y TOVAR, / CONDESTABLE DE CASTILLA, [...] / *Don Juan de Vera Tassis / y Villarroel.*

[q5r] SUMA DE LA APROBACION. / POR Comission del señor Doctor Don Antonio Pascual, [...] el Reverendissimo Padre Maestro Fray Manuel de Guerra y Ribera, [...] Su fecha en Maddrid à catorce de Abril de mil seiscientos y ochenta y dos.

[q5v] LICENCIA DEL ORDINARIO. / NOS El Doct. Don Antonio Pascual, [...] atento por la censura del Reverendissimo Padre Maestro Fray Manuel de Guerra y Ribera, [...] Nos consta no tiene cosa contra Nuestra Santa Fè, y buenas costumbres. Dada en Madrid à diez y siete de Abril de mil seiscientos y ochenta y dos años. *Doct. D. Antonio Pascual.* Por su mandado, *Juan Albarez de Llamas.* / Notario.

[q 6r] SUMA DE LA APROBACION. [...] En Madrid à seis de Mayo de mil seiscientos y ochenta y dos. / [filete] / SUMA DEL PRIVILEGIO. / Tiene Privilegio Don Juan de Vera Tassis y Villarroel, para poder èl, ò quien su poder tuviere, [...] Fecho en Madrid à 25 de Mayo de 1682.

Las investigaciones de Jaime Moll han demostrado, sin embargo, que la edición es una falsificación ilegal, sin autorizacion ni licencia, porque las que reproduce, junto con las otras hojas preliminares de la edición de 1691, ya no eran válidas en ese momento. Solo el nombre de la imprenta donde fue producida, la de Juan García Infanzón, es verídico. Entre la evidencia que ofrece Moll está el desgaste en la plancha empleada en el grabado del retrato de Calderón, evidente en una grieta al nivel del cuello en la segunda edición de la *Parte IV*, en 1731, y también en la segunda edición de la *Novena*, que habrá sido una producción coetánea elaborada en la oficina de los Herederos de Juan García Infanzón[27].

Hemos utilizado el ejemplar de la BNE (TI/130 v. 9) y el de la Biblioteca Histórica de la Universidad Complutense de Madrid (Fondo Antiguo BH FLL 37565), que hemos consultando en línea[28]. Es una reproducción a plana y renglón de la primera edición de 1691. Las variantes del texto de esa primera edición son mínimas, la mayoría, errores tipográficos en vez de variantes sustantivas:

	VT	VT2
v. 849	porque en la *ocasion* se halla	acasion
v. 1385	No intentes *desta* suerte	destr
v. 1428	tras el otro se *arrojò*	rrojo
v. 1699	(Flor) A que te amo como a esposo	esposa
v. 1782	*Flor* Si. *Fe.* Abierto vn balco(n) y en el	*el* omitido
v. 1862	Ay mi malogrado bien!	*mi* omitido
v. 2557	(no sè que Clotaldo fuesse	*que* omitido
v. 2572	recostastete en la falda	recostaste

La única variante entre ambas ediciones que sí encontramos en dos sueltas, LBL y FUB (ver abajo), es la del verso 2572: «recostaste». Según la evaluación de su tipografía por parte de Don Cruickshank, es probable que estas sueltas se hubieran producido antes de la publicacion de la *Novena parte* en torno a 1731, si no ya en torno a 1680, antes de la publicación de la primera edición de 1691.

2.2. La pseudo Novena parte *y el* Jardín ameno

Con la publicación de la *Novena parte* Vera Tassis había puesto en el mercado casi todas las comedias del dramaturgo existentes,

[27] Moll, 1983, pp. 230-231.

[28] Publicado por Hathi Trust: <http://hdl.handle.net/2027/ucm.5315922853>.

con la excepción de una *Décima parte* prometida que nunca llegó a ver la luz. El éxito de sus ediciones fue rotundo, pero el surtido de los volúmenes no satisfizo la demanda, por lo cual dio lugar a la existencia de ediciones falsificadas de las nueve *partes* de Vera Tassis por el procedimiento descrito por Jaime Moll:

> Agotada la colección, un librero-editor la mantuvo en permanente existencia, valiéndose de un sistema usado ya anteriormente: reunir las comedias correspondientes a cada parte a base de ediciones sueltas de las mismas, encuadernándolas precedidas de una edición contrahecha de las respectivas portada y hojas preliminares de la edición de Vera Tassis[29].

Hoy en día es fácil distinguir una *parte* verdadera de una falsificada, no solo por la diferencia en las hojas preliminares, sino también por la foliación, que es continua en las verdaderas, mientras que en las falsificadas comienza de nuevo (tanto si es foliación como paginación) con cada suelta. La mayoría de estas lleva un número que indica su posición en la serie de la imprenta de su producción[30]. La distinción entre la

[29] Moll, 1983, p. 221.

[30] Las sueltas con número de serie incluidas en la Pseudo Vera Tassis *Novena parte* (BNE T/8.589) son: *Las armas de la hermosura*, núm. 242; *Amado y aborrecido*, núm 314, que lleva como colofón: «Hallaràse en la Libreria de los Herederos de Gabriel de Leon à la Puerta del Sol»; *La señora y la criada*, núm. 91; *Nadie fíe su secreto* (sin número); *Las tres justicias en una*, núm. 291; *Amar después de la muerte*, núm. 100; *De un castigo tres venganzas*, núm. 268; *Duelos de amor y lealtad*, sin número, pero con dos bandas decorativas antes y después de «FIN», con una hoja decorativa a ambos lados, y el grabado de una B acostada muy grande usada por Lucas Antonio de Bedmar, descrita por Wilson y Cruickshank (1974, pp. 19 y 21); *Cefalo y Pocris*, sin número, pero con las mismas bandas y hoja decorativa en torno a «FIN» usadas en *Duelos*; *El castillo de Lindabridis*, sin número, con las mismas bandas y plancha de madera de una B que *Duelos*, aunque con la plancha puesta al revés; *Bien vengas mal*, núm. 102; y *Cada uno para sí*, núm. 293. En el ejemplar BNE R/11.353, *Armas*, núm. 242, es una edición distinta, con otro grabado decorativo separando las columnas de los personajes, tres asteriscos a cada lado de «JORNADA PRIMERA», y un dibujo a cada lado de «FIN»; también *Amado y aborrecido*, núm 314, es diferente, aunque con el mismo colofón; otra edición de *Las tres justicias*, núm. 291, sin los asteriscos entre las columnas de las personas, y con otras fuentes tipográficas y formato en el encabezamiento; tampoco son copias a página y renglón una de la otra; otra emisión de *Amar después de la muerte*, en que una banda decorativa separa las columnas de los personajes; y otra edición de *De un castigo tres venganzas*, núm. 268, con fuentes diferentes en los títulos y dibujos de dos manos a ambos lados de «FIN», en vez de tres asteriscos. Este volumen es igual al que posee la Biblioteca Nacional de Austria, que se

edición verdadera y la falsificada no se refleja, sin embargo, en las viejas bibliografías ni en algunos catálogos bibliotecarios.

Hemos examinado tres ejemplares de la pseudo Vera Tassis *Novena parte de Comedias del Célebre Poeta Español, Don Pedro Calderón de la Barca*, dos de la Biblioteca Nacional de España y uno de la biblioteca de la University of Pennsylvania. Los preliminares de los dos ejemplares de la Biblioteca Nacional (BNE R/11.353 y BNE T/8.589) son idénticos, y las sueltas incluidas son las mismas, aunque en ediciones diferentes de varias de ellas.

[q 1r] [Frontispicio] NOVENA PARTE / DE / COMEDIAS / DEL CELEBRE POETA / ESPAÑOL, / DON PEDRO CALDERON / DE LA BARCA, [la C de «Barca» más grande que las otras letras de la línea, de la misma fuente de «Calderón»] / CAVALLERO DEL ORDEN DE SANTIAGO; / Capellan de Honor de su Magestad, y de los señores Reyes / Nuevos en la Santa Iglesia de Toledo, / QUE NVEVAMENTE CORREGIDAS, / PUBLICA / DON JUAN DE VERA TASSIS Y VILLARROEL; / Fiscal de las Comedias destos Reynos, por su Magestad. / *Y LAS OFRECE / AL EXCELENTISSIMO SEÑOR DON IÑIGO / Melchor Fernandez de Velasco y Tovar* [...] / Ciudad de Frias, &c. / (+) CON PRIVILEGIO; (+) / [filete decorativo] / EN MADRID: Por *Francisco Sanz*, Impressor del Reyno, y / Portero de Camara de su Magestad. Año de 1691.

[q 1v] en blanco

q 2r: FEE De Erratas. / Pagina. 52. [...] / *Don Martin de Ascarca,* / Corrector general por su Magestad. [filete] LICENCIA DEL ORDINARIO. / NOS El Doctor don Antonio Pasquel [...] / Por su mandado, / *Juan Alvarez de Lllamas* / Notario[31].

[q 2v] SUMA DE LA APROBACION. / POR Mandado [...] / [filete] / SUMA DEL PRIVILEGIO. / Tiene Privilegio [...] / [filete] / SUMA DE LA APROBACION. / POR Comision del señor Doctor Don Antonio Pasqual, [...] mil seiscientos y ochenta y dos.

[q 3r] SVMA DE LA TASSA. / TASSARON Los señores del [...] / En Madrid à diez de Febrero de mil y seiscientos y noventa y vn años.

puede consultar en línea en el siguiente enlace: <http://digital.onb.ac.at/OnbViewer/viewer.faces?doc=ABO_+Z205208302>.

[31] La fe de erratas es falsa. Falsa es también la licencia, aplicable solo a la *parte* genuina de 1691. Y falsas son también las aprobaciones, el privilegio y la tasa que siguen.

[q 3v-q4r] AL LECTOR. / PONGO En tus manos, [...] VALE[32].
[q 4v] TABLA DE LAS COMEDIAS QUE [...]

Como se entiende de la descripción de Moll, los volúmenes espurios contienen las mismas comedias, presentadas en sueltas, numeradas o sin número. *Un castigo* ocupa la misma séptima posición que en las ediciones auténticas, pero con el título *De un castigo tres venganzas*, y llevando en la esquina superior derecha la indicación «Num. 268»[33]. Las otras comedias del volumen son: *Las armas de la hermosura*, suelta núm. 242; *Amado* y *aborrecido*, núm. 314; *La señora y la criada,* núm 91; *Nadie fie su secreto*, sin número; *Las tres justicias en una,* núm. 291; *Amar después de la muerte*, núm. 100; *Duelos de amor y lealtad*, sin número; *Céfalo y Pocris*, sin número; *El castillo de Lindabridis*, sin número; *Bien vengas mal*, núm. 102; y *Cada uno para sí*, núm. 293. La Biblioteca Nacional de España tiene otro ejemplar de la núm. 268 como suelta independiente (BNE T/4.567). Como ha escrito Jaime Moll[34], esta comedia aparece en la lista de 1717 de Juan Isidro Fajardo como impresa en Valencia y vendida en Madrid en la librería de los Herederos de Gabriel de León. Por los datos relacionados con la provenencia de un juego completo conservado en la biblioteca del Dr. Steevens' Hospital de Dublín, de las ediciones falsificadas de las *partes* calderonianas de Vera Tassis, Cruickshank y Wilson postulan que los años más probables de su producción caen entre 1699 y 1712[35].

Otra edición de esta misma suelta núm. 268 con el título *De un castigo tres venganzas* aparece también en un volumen de la serie de facticias conocida como el *Jardín ameno.*

[Portada]: [orla decorativa] JARDIN / AMENO, / DE VARIAS, / Y HERMOSAS FLORES, CUYOS / matizes, son doze Comedias, escogidas / de los mejores Ingenios de / España. / Y LAS OFRECE A LOS / curiosos, un aficionado. / PARTE XXIII. / [escudo] / [banda de follaje] / En Madrid. Año de 1704. /

[32] Este prólogo de Vera Tassis es igual al que incluye en la *Novena parte* genuina.

[33] Las ediciones de la suelta núm. 268 son diferentes en los dos ejemplares de la *Novena parte* falsificados de la BNE. Ver las descripciones de las otras sueltas.

[34] Moll, 1982, pp. 289-329.

[35] Cruickshank y Wilson, 1974, pp. 18-19.

[fol. 2 sin número]: [orla decorativa] INDICE / DE LAS COMEDIAS / contenidas en este / Libro./ [escrito a mano] 265. / 1 El socorro de los Mantos, de Arellano / 2 Progne, y filomena, de Roxas. / 3 Los dos amantes del Cielo, de Calderon. / 4 De un Castigo tres venganzas, de Calderon / 5 / La Puerta Macarena, de Montalvan, pª p.te / 6 --- ydem segunda parte / 7 El Cascabel del Demonio, de vn Ingenio. / 8 El Sitio de Zeuta, de flores. / 9 El hijo de Marco Aurelio, de Matos [«Matos» tachado, y entrado a lápiz por otra mano, «Moreto»] / 10 El Sastre del Campillo, de Candamo. / 11 El Mancebo del Camino, de Diam[an]te / 12 Don florisel de Niquea, de Montaluan. / [escrito a mano] 276 / [follaje]

Un castigo es la cuarta suelta dentro del volumen XXIII. Las otras están numeradas de manera consecutiva, del núm. 265, *El socorro de los Mantos*, de Francisco Leiva Ramírez de Arellano, al 276, *Don Florisel de Niquea*, de Juan Pérez de Montalbán, con la excepción de una que no tiene número, pero que ocupa el lugar que correspondería al 273 en la serie que conforma el volumen. Se trata de *El hijo de Marco Aurelio*, una obra de Juan de Matos Fragoso, según el índice escrito a mano dentro de un marco impreso, que otra mano tachó sustituyendo la atribución a «Moreto». De nuevo, son las investigaciones de Jaime Moll las que explican la relación entre las *partes* facticias de Calderón, las de Moreto y la serie *Jardín ameno*. Nota dicho investigador que «la reedición de las nueve partes de Calderón, desde 1715 a 1731, cortó la continuación de las correspondientes partes contrahechas y facticias»[36]. Como hemos visto, la reedición de la *Novena parte* no vio la luz hasta 1731. En el ínterin, se compuso la serie *Jardín ameno*, bien descrita por Moll en los siguientes términos:

> Bajo este título se fueron encuadernando por orden numérico, en tomos de doce, las comedias de una serie numerada. Una portada común, una segunda hoja con orla igual a la de la portada y con el siguiente texto impreso: / INDICE / DE LAS COMEDIAS / contenidas en este / Libro. / y, en líneas sucesivas, los números del 1 al 12. A mano, en tinta, se ponía en la portada el número de la parte y en la segunda hoja, después de los números impresos, el título y autor de cada comedia, precediendo a la línea del título de la primera comedia el número que tenía esta en la serie y escribiendo

[36] Moll, 1983, p. 223.

igualmente a mano, después de la línea del título de la última comedia su correspondiente número dentro de la misma[37].

Aunque no tienen indicaciones de su procedencia la mayoría de las comedias contenidas en tales colección, en algunas sí se informa de que se vendían en la librería madrileña de los herederos de Gabriel de León. Continúa Moll:

> Todo apunta a que la serie numerada de comedias era editada por los herederos de Gabriel de León que, por otra parte, aprovecharon comedias existentes en el mercado, probablemente no todas madrileñas, cuando no disponían de las mismas en sus propios fondos.

Añade el mismo investigador en una nota a pie de página que Fajardo formó su índice a base de los libros que pudo consultar y las sueltas existentes en la librería de los herederos de Gabriel de León, que incluía numerosas de procedencia valenciana[38]. La fecha de 1704 de la composición impresa en el volumen XXIII en que encontramos la suelta núm. 268 de nuestra comedia, si fuera verídica, la situaría en el mismo periodo de factura que han postulado Cruickshank y Wilson para la elaboración de la *Novena parte* falsificada. Por otra parte, Kurt Reichenberger, estudiando los volúmenes existentes del *Jardín ameno* y el conjunto numerado de 342 comedias publicadas en ellos, y observando que la serie empezó con *La restauración de Buda* de Bances Candamo, una comedia estrenada en 1686, estimó que se habría tardado unos veinte años en llegar a publicar tantas comedias, en un momento cercano a 1704[39]. Pero la portada de todos los volúmenes conocidos lleva como fecha el año de 1704, por lo cual no puede interpretarse más que como una indicación de su emisión en torno a fines del XVII y principios del XVIII. Además, no son necesariamente coetáneas las sueltas núm. 268 de la pseudo *Novena parte* y la del *Jardín ameno*; la tipografía de los seis ejemplares de la suelta que hemos visto no es idéntica, aunque el texto sí lo es, con la excepción de ciertos errores insignificantes. Hemos cotejado tres ediciones diferentes, como se puede ver en las descripciones de la suelta núm. 268 que se proporcionarán junto con las otras sueltas.

[37] Moll, 1983, p. 224.
[38] Moll, 1983, p. 225 y nota núm. 17.
[39] Reichenberger, 1989, pp. 290 y 294-295.

Esta, como las otras ediciones sueltas, son testimonios *codices descripti*, derivados de las ediciones impresas con anterioridad. Por lo cual no tienen importancia para establecer el mejor texto de lectura de la comedia, pero sí para la historia de su transmisión. Entre otras circunstancias que hay que considerar es que el gran número de ellas no es sino reflejo de la popularidad duradera de las comedias de Calderón.

2.3. Sueltas del siglo XVII *y* XVIII *derivadas de Diferentes 28*

2.3.1. El texto de STD

Esta primera edición suelta de *Un castigo* que hemos identificado habrá salido de una imprenta sevillana por los mismos años que las dos ediciones de la *Quinta parte*. Aunque no tiene colofón, las investigaciones de Edward M. Wilson y Don W. Cruickshank determinaron, de acuerdo a su tipografía, que fue impresa por Tomé de Dios Miranda en Sevilla entre 1675-1678[40]. Hemos utilizado el ejemplar de la Biblioteca Nacional de España que tiene la signatura T/55.307-13.

[Encabezamiento] VIII [reflejado con tinta de color marrón con un sello] / Fol. I. [grabado de una banda de hojas] / VN CASTIGO EN TRES VENGANZAS. / COMEDIA / FAMOSA. / *DE DON PEDRO CALDERON.* / Hablan en ella las personas siguientes. / [personas en dos columnas]

[Inicio] IORNADA PRIMERA. / *Salen el Duque, Enrique de camino, Manfredo, / Federico, y Clotaldo. / Duq.* Vengas con bien Enrique, donde sean / digno laurel de tu valor mis braços, [...]

[Colación] 4°. A-B^{8}C^{6}.

[Paginación] Por folios, 1-22.

[Titulillos] Vn castigo en tres venganças. // De Don Pedro Calderon.

[40] Esta información nos la transmitió muy amablemente Cruickshank a través de una conversación mantenida por correo electrónico los días 18 de noviembre de 2016 y 2 de junio de 2017. La identificación se basa en las investigaciones hechas para su estudio *Samuel Pepys's Spanish Plays* (1980).

[Final]: fin tan justas tres venganças, / mia, tuya, y la de Enrico. / F I N [cruzando las dos columnas de texto].

[Colofón]: No tiene.

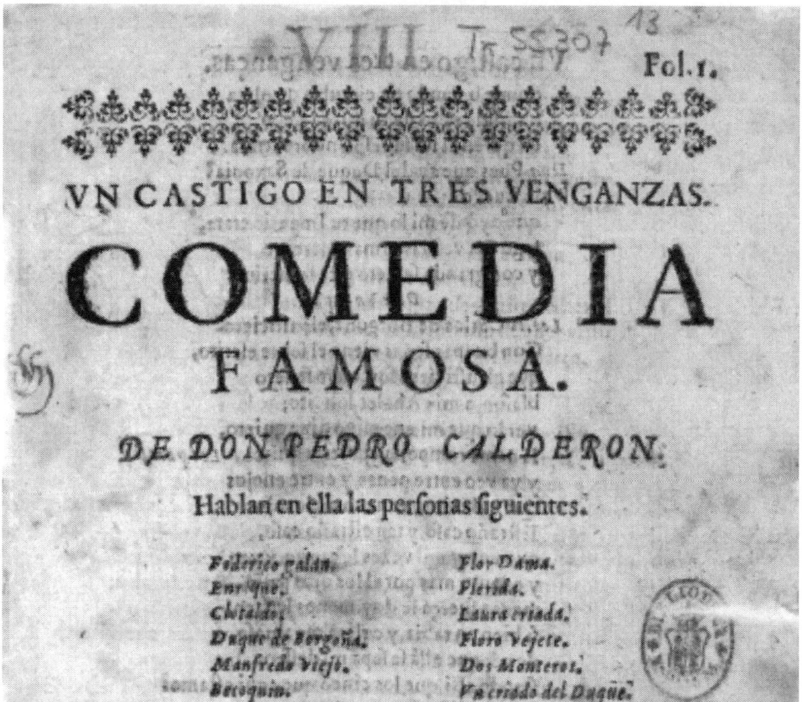

Fol. 1.

VN CASTIGO EN TRES VENGANZAS.

COMEDIA FAMOSA.

DE DON PEDRO CALDERON.

Hablan en ella las personas siguientes.

Federico galan.	*Flor Dama.*
Enrique.	*Flerida.*
Clotaldo.	*Laura criada.*
Duque de Borgoña.	*Floro vejete.*
Manfredo viejo.	*Dos Monteros.*
Betoquin.	*Vn criado del Duque.*

IORNADA PRIMERA.

Salen el Duque, Enrique de camino, Manfredo, Federico, y Clotaldo.

Duq. Vengas con bien Enrique, donde sean
dignos laurel de tu vitor mis braços,
quando ceñir sobre tu cuello vean
faciles nudos con ilustres lazos.
Enri. Mal, Carlos inuictissimo, se emplean
en tronco tan inutil los abraços
tan nobles, no malogres dichas tantas,
pues basta que me admitas a tus plantas,
donde nadando en pielagos de fuego,

A donde

Aunque aproximadamente coetánea de B y M, el texto de la suelta no se deriva de estos testimonios, sino directamente de D28, al menos en parte. Su foliación en formato de cuarto de ocho hojas sugiere incluso una fecha anterior a la de B y M, porque la norma de las sueltas posteriores a 1670 es cuartos de cuatro hojas[41]. Algunas variantes demuestran su deuda con D28. Por ejemplo, el verso 654, «me he de *fiar*», en el cual B y M consignan «me he de *valer*»; el verso 1042 dice «si *caminauas* con ellas», que es la forma verbal apropiada, y no «*caminava*» como aparece en B y M; la asignación del verso 1175 a Flor, en vez del error de hacerlo a Flora en B y M; el verso 1520, «*os entra y saca*», es mejorado como «*os entrais aca*» en B y M; el verso 2336, «*ausenta* de los reflejos», que debe ser «*ausente*», como en B y M, y la lectura aparentemente errada del verso 1351, «si assiendo» de D28, en vez de «si assistiendo» de B y M. STD a veces contiene una forma diferente de D28 pero presente en B y/o M, pero suelen corresponder a correcciones que un lector atento al sentido del texto y a la métrica podría haber llevado a cabo *ope ingenii*. Por ejemplo, la corrección del verso hiposilábico 323, «Pero no me lo digas» en D28, «Pero no, no me lo digas» en B, M y S1, o el verso 1399, en que Flor dice a Laura, «*Amigo*, ojala» en D28, corregido en «*Amiga*» en B, M, STD y otras sueltas, aunque no las que descienden de VT, que lo cambia a «ay Laura». STD contiene el texto completo de la comedia, es decir, el que encontramos en los otros testimonios, sin contar las adiciones de Martínez de Mora y otros a Ms.

2.3.2. El texto de LBL

Esta suelta, que se conserva en la British Library de Londres y en la Colección Ticknor de la Boston Public Library (D.140b.34 no. 7), es la primera de varias ediciones que abrevian el texto ligeramente, escindiendo catorce versos para que quepa en la extensión clásica de 32 páginas de este tipo de formato. Los versos 2761-2770 se cortan del pasaje en el cual el Duque revela las traiciones de Clotaldo, y también los versos 2781-2784, que abren la escena siguiente en que Manfredo responde, descubriendo el asesinato de Enrique a manos de Clotaldo y las consecuencias de dicha acción. Hemos utilizado una copia microfilmada de la suelta de Boston que encontramos en la colección de

[41] Cruickshank, 1991, p. 106.

la University of North Carolina at Chapel Hill (UNC Ch Film 862/ Ca14com). Está registrada en el catálogo de la colección Ticknor en la sección «Calderón, Comedias» como «Vol. 1, n. t. p» junto con la *Segunda Parte,* pero con una nota que indica que el primer volumen se compone de ediciones sueltas y con otra nota de Ticknor que dice «A considerable number of the plays in this [first] volume being, however, of editions published in the seventeenth century, are valuable. Both volumes are from the Colonna library in Rome»[42]. En Boston, la parte facticia de doce sueltas que la contiene incluye una lista escrita a mano de «Comedias, / que ban en este libro, de D: Pedro / Calderon. P: 1 / 1: el imposible mas facil; 2: el secreto a voçes. 3: Haz bien, y guardate. 4: El Galan sin Dama. 5: Darlo todo, y no dar nada. 6: Nunca lo peor es cierto. 7:Vn castigo en tres venganzas. 8: Los empeños de un plumage, y origen de los Gueuaras. 9: El esclauo de Maria. 10: El Pintor de su deshonra. 11: Quien calla otorga. 12: La desdicha de la uoz».

Hemos consultado también el ejemplar de la British Library, custodiado con la signatura T. 1737(3), que lleva la fecha de «¿1770?» y está en una parte facticia que presenta un contenido diferente de la de Boston. Don Cruickshank estima, por la combinación de fuentes tipográficas de la suelta, que es probable que haya sido impresa en la década de 1680, cuando no había ejemplos de la letra «U» en las fuentes más grandes. Es comparable a la usada por Francisco Sanz al imprimir las dos ediciones de la *Verdadera quinta parte* de 1682, por lo que resulta bastante factible que haya sido el propio Sanz quien diera a la imprenta esta suelta[43].

[Encabezamiento] COMEDIA FAMOSA. / VN CASTIGO EN TRES VENGANZAS. / *DE DON PEDRO CALDERON.* [La A de Calderón de tamaño reducido]. / Hablan en ella las personas siguientes. / [personas en dos columnas]

[Inicio] IORNADA PRIMERA. / *Salen el Duque, Enrique de camino, Manfredo, / Federico, y Clotaldo. /* Duq.Vengas cõ bien Enrique, dõde seã / digno laurel de tu valor mis braços, [...]

42 *Catalogue of the Spanish library and of the Portuguese books* [...], 1970, p. 49.

43 Cruickshank nos facilitó estos datos a través de una comunicación mantenida por correo electrónico los días 12 y 17 de enero de 2017. Hemos examinado el ejemplar de la *Verdadera quinta parte* de la Biblioteca Nacional publicado por Sanz en Madrid, en 1682 (T/1.844), y hemos comprobado en esta el uso de la letra «V» en lugar de «U», así como de «I» en vez de «J» en los titulos es igual a la de esta suelta.

[Colación] 4º. A-D^4.

[Paginación] No tiene.

[Titulillos] Vn castigo en tres venganzas, // *De Don Pedro Calderon*. Vn Castigo en tres venganzas, A2v, B2v, C2v, D1v / Vn castigo en tres venganças, A3v, B1v, C3v, D2v.

[Final] fin tan justas tres venganças, / mia, tuya, y la de Enrico.

[Colofón] No tiene.

Esta suelta, aparte de la abreviación del texto señalada antes, es la fuente, directa o por medio de otra, de una serie de ediciones sueltas. Tres versos demuestran que FUB desciende de LBL: el verso 1666, «falta un *instante* y después», en que ambas recogen «*instrumento*» en lugar de «*instante*». Las dos tienen «perderse» en vez de «perder» en el verso 2120, «ninguno ha de perder. Fuese», y omiten el artículo «el» en el v. 2794 «quien por el secreto quiso». Estas variantes no pasan a la tradición suelta posterior, pero hemos contado dieciséis que se extienden de LBL a FUB, S268, VAR y SSC, cambios de pronombres u omisiones de una palabra como, por ejemplo, «se» por «le» en v. 856 («del corazón no *le* salgan»), o la omisión de «pues» del v. 946 («Flor, *pues* que ruido anda»).

2.3.3. El texto de FUB

Esta suelta de la colección de la Biblioteca de la Universidad de Freiburg, con la signatura E 1032, n 83-7 (23), que es una publicación poco cuidada y poco atractiva, parece ser el origen de unas 60 pequeñas variantes, perpetuadas luego en las sueltas S268, VAR y SSC. Aunque tampoco podemos descartar que la dependencia entre FUB y S268 sea a la inversa. Por ejemplo, la omisión de «Pues» en el v. 13 («Pues, que hay del duque de Sajonia?»), o en el v. 84 («o Enrique que confuso se ha *admirado*?») la sustitución del participio «*quedado*» por «*admirado*». FUB forma parte de un volumen facticio de 23 sueltas de comedias atribuidas a Calderón, aunque no todas son realmente suyas[44]. Dicho volumen lleva el exlibris de Adolf Schaeffer (1845-*c.* 1929), un banquero que aprendió

[44] Los otros títulos son: *El jardín de Falerina*, *Mañanas de abril y mayo*, *Mañana será otro día*, *Las manos blancas no ofenden*, *El mayor monstruo los celos*, *El médico de su honra*, *Mejor está que estaba*, *El mejor padre de pobres*, *El mercader de Toledo, vara de medir y acción del mejor testigo*, *Mujer, llora y vencerás*, *Ni amor se libra de amor*, *No guardas tú tu secreto*, *No hay burlas con el amor*, *No hay cosa como callar*, *Peor está que estaba*, *El postrer duelo de España*, *La puente*

español, se aficionó por el teatro clásico español y publicó un estudio en dos volúmenes titulado *Geschichte des spanishcen Nationaldramas* en Leipzig en el año 1890[45]. Su tipografía la sitúa en la época de la transición entre el uso de las grafías «J» y «U» en vez de «I» y «V», costumbre que solo se generalizó después de 1690[46]. Notamos la combinación peculiar de una «U» bastante tosca en «Uenganzas» y la «I» de «Iornada». Además, firma las primeras tres hojas de los cuadernos, algo que no era la práctica habitual. En vista de la combinación de fuentes tipográficas empleadas en esta suelta, Cruickshank cree que es probable que haya sido impresa en la década de 1690[47].

[Encabezamiento] COMEDIA FAMOSA, / VN CASTIGO / EN TRES UENGANZAS, / DE DON PEDRO CALDERON. / Hablan en ella las personas sig. / [personas en cuatro columnas]

[Inicio] IORNADA PRIMERA. / *salen el Duque, Enrique de camino, Man- / fredo, Federico y Clotaldo. / Duq* Uengas cõ bien Enrique, donde seã [...]

[Colación] 4°. A-D^4.

[Paginación] No tiene. Numeradas las tres primeras hojas de los cuadernos.

[Titulillos] UN CASTIGO EN TRES UENGANZAS. / DE DON PEDRO CALDERON.

A2v, A4v, B1v, B3v, C1v, C4v, D4v: UN CASTIGO EN TRES VENGANZAS.

C3v, D2v: UN CASTIGO EN TRES VENGANZAS

D3v-D4r - DE DON PEDRO CALDERON. / DE DON PEDRO CALDERON.

[Final] fin tan justas tres venganzas, / mia, tuya, y la de Enrico. / FIN

[Colofón] No tiene.

de Mantible, El purgatorio de San Patricio, El secreto a voces, La señora y la criada, El sitio de Breda, Tres afectos de amor, piedad, desmayo y valor y *La vida es sueño.*

45 Sullivan, 1983, p. 330.

46 Wilson y Cruickshank, 1980, p. 20.

47 Así nos lo comunicó por correo electrónico el día 12 de enero de 2017.

2.3.4. El texto de S268

Como hemos señalado con anterioridad, la evidencia acumulada por Moll, Wilson y Cruickshank, así como por Kurt Reichenberger, indica que esta suelta numerada fue editada en Madrid por los Herederos de Gabriel de León entre la última década del siglo XVII y los primeros años del XVIII. De acuerdo con Jaime Moll, esta comedia aparece en la lista de 1717 de Juan Isidro Fajardo como impresa en Valencia y vendida en Madrid en la librería de los Herederos de Gabriel de León[48]. Figura tanto en los volúmenes falsos de la *Novena parte* como en el número 23 del *Jardín ameno*, y además sobrevivió como suelta independiente. Por los datos relacionados con la procedencia del ya citado juego completo de la biblioteca dublinesa del Dr. Steevens' Hospital de las ediciones fraudulentas de las *partes* calderonianas de Vera Tassis, Wilson y Cruickshank postulan que los años más probables de su producción son los comprendidos entre 1699 y 1712[49]. Hay tres ediciones de esta suelta en los seis ejemplares que hemos revisado, por lo cual asumimos que no habrán sido todas producidas por el mismo impresor. Cruickshank ha identificado las fuentes tipográficas y los grabados utilizados por uno de los impresores, probablemente Juan García Infanzón, quien había publicado la reedición de «1698» (o sea, la de 1731) de la *Novena parte*. Pero tampoco podemos descartar que fueran sus herederos[50]. En el frontispicio de aquel volumen emplea a ambos lados de «CON PRIVILEGIO» el mismo dibujo de tres asteriscos que hay antes y después de «JORNADA PRIMERA» en la edición de la suelta en nuestro testimonio (2) (BNE R/11.353 y BNE T/4.567). Las tres ediciones de esta suelta mezclan fuentes tipográficas de distintos tamaños:

(1) La edición en dos ejemplares de la *Novena parte* falsificada, BNE T/8.589 y la Biblioteca de la University of Pennsylvania PQ6281 .A2 1691 v. 9.

[Encabezamiento] Num. 268. / COMEDIA FAMOSA, / DE VN CASTIGO / TRES VENGANZAS. / *DE DON PEDRO CALDE-*

[48] Moll, 1982. *Un castigo* (con el título *De un castigo tres venganzas*) es el número 4886 en la lista que publica.

[49] Wilson y Cruickshank, 1980, pp. 18-19.

[50] Cruickshank, a través de una comunicación por correo electrónico del 27 de abril de 2017.

RON DE LA BARCA. / PERSONAS QUE HABLAN EN ELLA. [Personas en cuatro columnas, separadas por barras, letra cursiva]

[Inicio] JORNADA PRIMERA. / *Salen el Duque, Enrique de camino, Manfredo, / Federico, y Clotaldo.* / *Duq*. Vengas con bien, Enrique, donde sean / digno laurèl de tu valor mis braços, [...]

[Colación] 4°. A-D^4.

[Paginación] No tiene.

[Titulillos] *De vn Castigo tres Venganças. // De Don Pedro Calderon.* A3v, B3v, C3v – *De vn Castigo dos Venganças.*

[Final] fin tan justas tres vengançNas, / mia, tuya, y la de Enrico. / [tres asteriscos] FIN. [tres asteriscos]

[Colofón] No tiene.

Emplea una fuente tipográfica más pequeña en las primeras dos hojas de cada cuaderno; 20 líneas miden 7.5 mm en vez de los 8.5 de las otras hojas.

(2) BNE R/11.353 (otra pseudo *Novena parte* falsificada) y una suelta independiente, BNE T/4.567[51].

[Encabezamiento] Num. 268. / COMEDIA FAMOSA. / DE VN CASTIGO / TRES VENGANZAS. / *DE DON PEDRO CALDERON.* / PERSONAS QUE HABLAN EN ELLA. [Personas en cuatro columnas, separadas por barras, letra cursiva]

[Inicio] [tres astericos] JORNADA PRIMERA. [tres asteriscos] / *Salen el Duque, Enrique de camino, Manfredo, / Federico, y Clotaldo. / Duq.* Vengas con bien Enrique, donde sean / digno Laurèl de tu valor mis braços, [...]

[Colación] 4°. A-D^4.

[Paginación] No tiene.

[Titulillos] *De vn Castigo tres Venganzas // de Don Pedro Calderon.* A2v- A4v, B2v-D4v – *De vn Castigo tres Venganças*

[Final] fin tan justas tres vengançNas, / mia, tuya, y la de Enrico. / [mano] FIN. [mano]

[Colofón] No tiene.

Emplea una fuente tipográfica más pequeña en las primeras dos hojas de cada cuaderno; 20 líneas miden 7.3 mm en vez de los 8.5 de las otras hojas.

[51] Son iguales a la edición de la Biblioteca Nacional de Austria. Ver: <http://digital.onb.ac.at/OnbViewer/viewer.faces?doc=ABO_+Z205308302, imágenes 255-286>.

(3) La edición en el *Jardín ameno*, BNE TI 120, vol. 23.

[Encabezamiento] Num. 268. / COMEDIA FAMOSA, / DE VN CASTIGO / TRES VENGANZAS. / *DE DON PEDRO CALDERON.* / PERSONAS QUE HABLAN EN ELLA. [Personas en cuatro columnas, letra cursiva]

[Inicio] [dos asteriscos] JORNADA PRIMERA. [dos asteriscos] / *Salen el Duque, Enrique de camino, Man- / fredo, Federico, y Clotaldo. / Duq.* Vengas con bien Enrique, dõde seã / digno Laurèl de tu valor mis braços, [...]

[Colación] 4º. A-D^4.

[Paginación] folios numerados [1] – 16.

[Titulillos] *De un Castigo tres Vengancas. // De Don Pedro Calderon*

A3r – *De Don Pedro Calderon.*

A4v, B4v – *De vn castigo tres Vengaças* <sic>

B1v, D1v – *De vn castigo tres Venganças*

B3v – *De un castigo tres Vengarças* <sic>

[Final] fin tan justas tres venganças, / mia, tuya, y la de Enrico. / FIN.

[Colofón] No tiene.

Mezcla fuentes tipográficas de tamaños distintos de un modo diferente a las otras sueltas S268: A1r-A2r, A3v-B2r, B3v-C2r, C3v-D2r, D3v-D4v – 20 líneas miden 8.6 mm., A2v-A3r, B2v-B3r (B3r con 3 columnas de texto), C2v-C3r, D2v-D3r – 7.6 mm.

2.3.5. El texto de VAR

Esta suelta es de la imprenta vallisoletana de Alonso del Riego, que operó entre 1714 y 1763. Es la número 23 en el catálogo de Germán Vega García-Luengos dedicado a los textos dramáticos publicados en la imprenta de dicho impresor[52]. Don W. Cruickshank sugiere que se habría elaborado en torno a 1750.

[Encabezamiento] COMEDIA FAMOSA, / DE UN CASTIGO / TRES VENGANZAS. / *DE DON PEDRO CALDERON.* / PERSONAS QUE HABLAN EN ELLA. [Personas en cuatro columnas, en cursiva.]

[52] Vega García-Luengos, 1990. Consultado en línea en la BVMC.

[Inicio] JORNADA PRIMERA . / *Salen el Duque, Enrique de camino, Manfredo / Federico, y Clotaldo. / Duq.* Vengas con bien Enrique, donde sean / digno Lauré1 de tu valor mis brazos, [...]

[Colación] 4º. A-D^{4}.

[Paginación] No tiene.

[Titulillos] *De un Castigo tres Venganzas. De Don Pedro Calderon.*

A2v *De un Castgo* <sic> *tres Vengarzas.* <sic>

B1v *De un Castigo tres Vengançaś.* [S larga defectiva en Castigo]

B3v, B4v *De un Castigo tres Vengançaś.*

D1v *De un Castigo tres Vengarzas.* <sic>

[Final] fin tan justas tres vengançaś, / mia, tuya, y la de Enrico. / FIN.

[Colofón] Impressa en Valladolid, en la Imprenta de Alonso del Rie- / go, donde se hallarà esta, y otras de diferentes Titulos. / Como tambien, Libros, Coplas, Estampas, Historias, y / Entremeses; todo à buen precio. Vive en la Librería.

Impresa a dos columnas.

Hemos utilizado los ejemplares de la Biblioteca Nacional de España, cuyas signaturas son BNE T/11.016, T/55.337-19 y T/21.002. La primera columna de [B4r] llena un espacio a su pie con tres círculos formados por estrellas; seis estrellas en dos semicírculos por debajo de la acotación en [D4r] «Vanse, y sale Clotaldo con tres valientes» para llenar el espacio. La fuente tipográfica mide 8.7 mm. en [B3r-v]; en los demás folios, 7.4 mm.

2.3.6. El texto de SSC

Esta suelta, con el número 139, es parte de una serie numerada que se publicó en Salamanca entre 1749 y 1764. Los tres ejemplares que hemos visto van todos marcados en la página 5 con el sello de una cruz con olas y la fecha «AD 1764». En su artículo sobre la serie, Martín Abad dice que es probable que al hacerse cargo de la imprenta Domingo Casero Obispo en 1764 se sellaran, a modo de sistema administrativo de control, los pliegos sin doblar de comedias, autos, historias y entremeses almacenados en los estantes de la imprenta. El primer pliego de una suelta en cuarto incluía las páginas 1, 4, 5 y 8, como nos recuerda el mismo investigador, lo cual explica la presencia del sello en la número 5, que se habrá doblado y cosido con los otros pliegos de la suelta después de 1764[53]. Nos hemos servido de los ejemplares conservados en Madrid, tanto en la Biblioteca Nacional (U/009262 y T/14.836), como en la Biblioteca Histórica (T 1-106-11).

[Encabezamiento]: Num. 139 / COMEDIA FAMOSA. / DE [tachado y escrito de nuevo a mano] UN CASTIGO / TRES VENGANZAS. / *DE DON PEDRO CALDERON DE LA BARCA.* / PERSONAS QUE HABLAN EN ELLA. / [Personas en cuatro columnas, en cursiva]

[Inicio] JORNADA PRIMERA. / *Salen el Duque, Enrique de camino, Manfredo, / Federico, y Clotaldo.* / Duq. Vengas con bien, Enrique, dõde sean / digno laurèl de tu valor mis brazos,...

[Colación] A-D[4].

[Paginación] [1] 2-32.

[Titulillos] *De un Castigo tres Venganzas.* // *De Don Pedro Calderon.*

A2v-A4v, C4v, D1v: *De un Castigo tres venganzas.*

A4r, D2r: *De Don Pedro Calderòn.*

[Final] fin tan justas tres venganzas, / mia, tuya, y la de Enrico. / FIN.

[Colofón] Hallaràse esta Comedia, y otras de diferentes Titulos, en Salamanca, / en la Imprenta de Santa Cruz. Calle de la Rua.

2.4. Sueltas y otras ediciones derivadas de Vera Tassis

Además de la serie de sueltas descrita arriba que descienden de la edición *princeps* de la *Primera parte*, y al tiempo que nuevas ediciones pertenecientes a esta línea de transmisión seguían produciéndose, comenzó otra vía de transmisión nutrida por la edición de la verdadera *Novena Parte* de Vera Tassis. Por eso, en ella se restauran los versos cortados en los descendientes abreviados de D28, a la vez que se introducen las muchas variantes de Vera Tassis.

2.4.1 El texto de SFL

Observa Germán Vega García-Luengos que en el panorama teatral sevillano del siglo XVIII la imprenta dominante era la de la familia Leefdael, de descendencia alemana, que, con sus herederos, produjo unos

[53] Martín Abad, 1986, pp. 147-148, 152-154 y 182.

324 números, algunos que llegaron a tener hasta tres y cuatro ediciones, lo que supone casi el 70% de todas las que se imprimieron en la capital andaluza[54]. La suelta de *Un castigo* habrá sido impresa entre 1717 y 1728, porque es después de la primera fecha cuando en los colofones se empieza a mencionar la calle del Correo Viejo, mientras que con posterioridad a la muerte del fundador del negocio, Francisco Leefdael en 1728, el pie de imprenta cambia a «Viuda de Francisco de Leefdael»[55]. Para nuestro cotejo de testimonios hemos empleado el ejemplar perteneciente a la Biblioteca Histórica de la Universitat de València, que tiene la signatura BH A-110/077(13)[56].

[Encabezamiento] Num. 112. / VN CASTIGO EN TRES / VENGANZAS. / COMEDIA / FAMOSA, / *DE D. PEDRO CALDERON DE LA BARCA.* / Hablan en ella las Personas siguientes. / [Personas en tres columnas, letra cursiva.] / [filete]

[Inicio] [tres estrellas] JORNADA PRIMERA. [tres estrellas] / *Sale Enrique en trage de camino, y Manfredo, Fede- / rico, Clotaldo, y el Duque. / Duq.* Vengas con bien, Enrique, donde sean / digno laurel de tu valor mis brazos, [...]

[Colación] 4°. A-D^4.

[Paginación] [1] 2-32.

[Titulillos] *VN CASTIGO EN TRES VENGANZAS, // DE D. PEDRO CALDERON DE LA BARCA.*

[Final] fin tan justas tres venganças, / mia, tuya, y la de Enrico. / [filete]

[Colofón] Con licencia: En Sevilla, por *Francisco de Leefdael*, en la Casa del Correo Viejo.

2.4.2. El texto de SJH

Joseph Antonio de Hermosilla, hijo del impresor sevillano Lucas Martín de Hermosilla, que ejerció su profesión de 1685 a 1719, teniendo su casa e imprenta en la calle de Génova, heredó el comercio

[54] Vega García-Luengos, 1993b, pp. 1007-1016. Consultado en línea en BVMC.

[55] Aguilar Piñal, 1974, p. 15. Citado en Calderón de la Barca, 2015, p. 200, nota núm. 123.

[56] Le agradecemos a Teresa Ferrer Valls el haber logrado conseguir una copia digital de esta suelta.

de libros a la muerte de su padre. Joseph Antonio estuvo activo como mercader y editor de libros durante algo más de una década, desde 1725 hasta 1738[57]. En la portada de su edición suelta de *El amante liberal* de Cervantes da el nombre de su empresa como «la Imprenta Castellana, y Latina», y añade un pie de imprenta más enjundioso: «Donde esta Novela se hallarán otras diferentes, y Libros y Estampas, Historias, Relaciones, Romances, Entremeses, y Comedias, corregidas fielmente por sus legítimos originales»[58]. Hemos utilizado el ejemplar digitalizado por la Universidad de North Carolina at Chapel Hill (signatura PQ6217 .T445 v. 9, no. 14), que, por la etiqueta que lleva, parece haber sido comprado a la Biblioteca Nacional de España[59].

[Encabezamiento] Num. 190. / UN CASTIGO EN TRES VENGANZAS. / COMEDIA / FAMOSA, / *DE DON PEDRO CALDERON.* / Personas que hablan en ella. [Personas en tres columnas, letra cursiva.] [filete decorativo]

[Inicio] [dos manos] JORNADA PRIMERA. [dos manos] / *Sale Enrique en trage de camino, y Manfredo, / Federico, Clotaldo, y el Duque. / Duq.* Vengas con bien, Enrique, donde sean / digno laurel de tu valor mis brazos, [...]

[Colación] 4º. A-D^4.

[Paginación] [1] 2-32.

[Titulillos] *VN CASTIGO EN TRES VENGANZAS. // DE DON PEDRO CALDERON.* [La R de «Tres» y de «Pedro» en otra fuente tipográfica, lo mismo en B4v-C1r, y en este, la N de Don también; C3v-C4r como A1-A2r]

A3v, B2v, C2v, D1v – *VN CASTIGO EN TRES UENGANZAS.*

C3r – *DE DON PDRO <sic> CALDERON.*

[Final] fin tan justas tres venganzas, / mia, tuya, y la de Enrico. / [filete decorativo de follaje]

[Colofón] Con licencia: En Sevilla, à costa de JOSEPH ANTONIO / DE HERMOSILLA, Mercader de Libros, en calle / de Genova, donde se hallaràn otros diferentes. [dibujo grabado que ocupa media página]

[57] Escudero y Perosso, 1999, pp. 45-46 y 49.

[58] BNE, <http://bdh-rd.bne.es/viewer.vm?id=0000199195&page=1>.

[59] Ver <https://archive.org/details/uncastigoentres00cald>.

2.4.3. Los textos de BCS y BFS

Como señala Jaime Moll, en 1763, dos impresores barceloneses llamados Carlos Sapera y Francisco Suriá y Burgada inician la publicación en colaboración de las 108 comedias que constituyen el conjunto de las nueve *partes* calderonianas, en forma de comedias sueltas, tomando como base las ediciones de Vera Tassis. Su división de la labor asignaba las comedias de la segunda mitad de la *Parte novena* que incluye *Un castigo* a Sapera, y la primera mitad de aquella *parte* a Suriá[60]. La edición de Sapera descrita aquí vio la luz en el año 1766. Hemos utilizado el ejemplar de la Biblioteca Nacional de España cuya signatura es T/8.590 (11). Pero además de aquella edición, Suriá y Burgada publicaron otra, sin fecha, pero que entendemos como una emisión posterior a la de Sapera que, como acabamos de indicar, sí aparece datada.

[Encabezamiento] Num. 103. / COMEDIA FAMOSA. / UN CASTIGO / EN TRES VENGANZAS, / *DE DON PEDRO CALDERON DE LA BARCA.* / PERSONAS QUE HABLAN EN ELLA. / [Personas en tres columnas, separadas por barras, letra cursiva]

[Inicio] JORNADA PRIMERA. / *Sale Enrique en trage de camino, y Manfredo, Federico, Clotaldo, y el Duque.* / *Duq.* Vengas con bien, Enrique, donde sean / digno laurel de tu valor mis brazos, [...]

[Colación] 4°. A-D^4.

[Paginación] No tiene.

[Titulillos] *Un castigo en tres venganzas.* // *De Don Pedro Calderon de la Barca.*

[Final] fin tan justas tres vengazas, / mia, tuya, y la de Enrico. / FIN.

[Colofón] *Con Licencia.* BARCELONA: En la Imprenta de CARLOS SAPERA, / Año 1766. / *Vendese en su Casa, calle de la Librería; y en la de Francisco Suriá, calle de la Paja.*

[Encabezamiento] Num. 103. / COMEDIA FAMOSA. / UN CASTIGO / EN TRES VENGANZAS. / *DE DON PEDRO CALDERON DE LA BARCA.* / PERSONAS QUE HABLAN EN ELLA. [Personas en tres columnas, letra cursiva]

[60] Moll, 1983, p. 233.

[Inicio] JORNADA PRIMERA. / *Sale Enrique en trage de camino, Manfredo, Federico, Clotaldo y el Duque. / Duq*. Vengas con bien, Enrique, donde sean / digno laurel de tu valor mis brazos, [...]

[Colación] 4°. A-D^4.

[Paginación] No tiene.

[Titulillos] *Un castigo en tres venganzas. // De Don Pedro Calderon de la Barca.*

[Final] fin tan justas tres venganzas, / mia, tuya, y la de Enrico. / FIN.

[Colofón] *Con Licencia*. BARCELONA. POR FRANCISCO SURIA Y BURGADA, IMPRESOR, / calle de la Paja. / *A costas de la Compañia.*

2.4.4. El texto de Apontes

LA GRAN COMEDIA, / UN CASTIGO / EN TRES VENGANZAS. / *DE DON PEDRO CALDERON DE LA BARCA*. en *Comedias del celebre poeta español don Pedro Calderón de la Barca* [...] *que saca a luz d. Juan Fernandez de Apontes y las dedica al mismo don Pedro Calderon de la Barca*. 11 vols. Madrid, Viuda de Don Manuel Fernández, 1760-1763. Vol. I, pp. 395-436.

Entre 1760 y 1763, justo antes de emprender Sapera y Suriá y Burgada la serie completa de sueltas calderonianas, Juan Fernández de Apontes se había dedicado a publicar las nueve *partes* en once tomos, basados en la reedición de los volúmenes de Vera Tassis, aunque sin seguir necesariamente el orden de publicación que siguió este. Al sacar el privilegio para su edición se sirvió de los ejemplares conservados en la Biblioteca de la Real Academia Española, como ha demostrado Jaime Moll[61]. De lo cual este concluye que

> Ello es una confirmación a lo ya sabido: ningún interés textual ofrece la edición de Juan Fernández de Apontes, aunque sí un gran interés sociológico, una muestra más de la gran difusión de la obra de Calderón, no solo por medio de las innumerables ediciones de comedias sueltas[62].

Su edición de *Un castigo en tres venganzas* se encuentra en el primer volumen, concretamente, en las páginas 395-436. Es una copia a plana

[61] Moll, 1983, pp. 232-233.
[62] Moll, 1983, p. 233.

y renglón del texto recogido en la reedición de la *Novena parte* de Vera Tassis.

2.5. *Testimonios de los siglos* XIX *y* XX

Con una sola excepción, las ediciones modernas de *Un castigo* han aparecido en volúmenes colectivos de las comedias del dramaturgo.

2.5.1. El texto de Keil

CIII. / UN CASTIGO EN TRES VENGANZAS en / LAS / COMEDIAS / de / D. PEDRO CALDERON / DE LA BARCA, / COTEJADAS / CON / LAS MEJORES EDICIONES HASTA AHORA PUBLICADAS / CORREGIDAS Y DADAS A LUZ / POR / JUAN JORGE KEIL. 4 vols. Leipsique: Ernesto Fleischer, 1836, vol. IV, pp. 599-621.

La primera colección es la publicada en Leipsique en la casa editorial de Ernesto Fleisher, entre 1827 y 1830. Su portada declara ofrecer «Las Comedias de D. Pedro Calderón de la Barca, cotejadas con las mejores ediciones hasta ahora publicadas, corregidas y dadas a luz por Juan Jorge Keil. En cuatro tomos, adornados de un retrato del poeta, grabado por un dibujo original». *Un castigo en tres venganzas* aparece en 1830 en el cuarto tomo, ocupando, en concreto, las páginas 599-622 del mismo. Sigue el texto de Vera Tassis.

2.5.2. El texto de Taulo

UN CASTIGO / EN TRES VENGANZAS, / COMEDIA EN TRES JORNADAS / DE DON PEDRO CALDERON DE LA BARCA / *Arreglada al Teatro moderno* / LOS REDACTORES DEL LAUREL. / BARCELONA: / IMPRENTA DE JOSE TAULO, / CALLE DE LA TAPINERIA. 1840.

La única publicación individual de *Un castigo* que hemos encontrado es la edicion preparada en la Imprenta de José Taulo, sita en la barcelonesa calle de la Tapinería, en 1840. Aunque la portada la anuncia como una versión «Arreglada al Teatro moderno por Los Redactores del Laurel», la adaptación no cambia el texto, que sigue también al de Vera Tassis; más bien consiste en la división en escenas, la adición de algunas breves indicaciones espaciales (calle, habitación de Flor, aposento de Manfredo, bosque) y cinésicas. No parece haber tenido mucha difusión. Hemos utilizado un ejemplar microfilmado (microfilm 42264) de la biblioteca de la Universidad de California, Berkeley.

2.5.3. El texto de Hartzenbusch

UN CASTIGO EN TRES VENGANZAS. en COMEDIAS / DE / DON PEDRO CALDERON DE LA BARCA. / Coleccion mas completa que todas las anteriores. / HECHA É ILUSTRADA / POR DON JUAN EUGENIO HARTZENBUSCH. / TOMO TERCERO / MADRID, (Biblioteca de Autores Españoles, vol. 12) 1849, pp. 577-595.

La difusión de la edición de las comedias de Calderón por Juan Eugenio Hartzenbusch es diametralmente opuesta a la de Taulo. Como observan Aichinger, Kroll y Rodríguez-Gallego, «La edición de Hartzenbusch para la Biblioteca de Autores Españoles se convirtió desde su aparición en la *vulgata* de los textos de Calderón, al menos hasta la publicación de la de Valbuena Briones en Aguilar»[63]. Fueron publicados en cuatro tomos, en Madrid, por Rivadeneyra, entre 1848-1850, y repetidos en otras ediciones posteriores. *Un castigo* apareció en 1849 en el tercer volumen, ocupando las páginas 371-395. Como Los Redactores del Laurel, marca la división de las jornadas en múltiples escenas, siguiendo la moda del teatro de su siglo. De hecho, su segmentación es casi idéntica a la de los Redactores: 16 escenas en la primera jornada, 15 en la segunda y 22 en la tercera. Muestra también su interés en recalcar los detalles relacionados con el lugar de la acción y los movimientos escénicos. Por ejemplo, al inicio se indica que «La escena es en una ciudad de Borgoña y sus cercanías» y justo a continuación se especifica que la acción va a transcurrir en un «Salón del palacio del duque de Borgoña, en la ciudad». Incrementa la precisión de las acotaciones, señalando quién habla a quién, por ejemplo. Sigue, una vez más, el texto de Vera Tassis, con un número de modificaciones adicionales menores, que se reflejan en las ediciones de Astrana Marín y Valbuena Briones.

[63] Calderón de la Barca, 2015, p. 212, nota núm. 156.

2.5.4. El texto de Astrana Marín

DE UN CASTIGO TRES VENGANZAS. en D. PEDRO CALDERÓN DE LA BARCA / OBRAS COMPLETAS / TEXTOS ÍNTEGROS SEGÚN LAS PRIMERAS EDICIONES / Y LOS MANUSCRITOS AUTÓGRAFOS / QUE SACA A LUZ / LUIS ASTRANA MARÍN / DRAMAS/ Madrid, M. Aguilar-Editor, 1932, pp. 111-164.

Como señala María Caamaño Rojo en su edición de *El mayor monstruo del mundo* y *El mayor monstruo los celos*, Astrana Marín es el primer editor que anuncia explícitamente la intención de seguir las primeras ediciones de las obras de Calderón, en el subtítulo de su compendio, donde se advierte que se hallarán «Textos íntegros según las primeras ediciones y los manucritos autógrafos». No obstante, y a pesar de esta voluntad, como también nota Caamaño, los textos de aquellas ediciones y de nuestra comedia descienden de los textos de Vera Tassis[64]. Pero en el caso de *Un castigo en tres venganzas* no coincide plenamente con el de aquel editor de Calderón, como ella comprueba en los textos de *El mayor monstruo,* sino que su fuente directa es, en realidad, la edición de Hartzenbusch. Hemos encontrado al menos 18 versos en que se aparta del texto de Vera Tassis, desde cambios de una sola palabra, a otros de mayor extensión, como sucede, por ejemplo, en los versos 659-660. En estos, en Vera Tassis dice Flor a Flérida «que las Damas, de amores / aun callan sus desdenes, y favores», mientras que Astrana Marín, siguiendo a Hartzenbush, recoge «que damas principales con amores / han de callar desdenes y favores». En las acotaciones también sigue a Hartzenbusch cuando este se aparta de Vera Tassis. Asimismo, copia de él la adición de detalles relacionados con el lugar y la escena, aunque ni marca ni enumera las divisiones escénicas como lo hacen Taulo y Hartzenbusch. Tampoco copia a este último en cuanto al título, *Un castigo en tres venganzas*, sino que opta por la versión *De un castigo tres venganzas.*

2.5.5. El texto de Valbuena Briones

DE UN CASTIGO, TRES VENGANZAS. en *DON PEDRO / CALDERÓN DE LA BARCA / OBRAS COMPLETAS* / TOMO I / DRAMAS / 4ta edición, Madrid, Aguilar, 1959, pp. 179-210.

[64] Caamaño Rojo, 2017, p. 76.

Ángel Valbuena Briones afirma en una nota a pie de la primera página del texto de *Un castigo* que «Para el texto hemos seguido la edicion de *Comedias de varios autores,* parte XIX». Sin embargo, y a pesar de lo declarado, se trata de una afirmación muy difícil de explicar. Aun buscando todas las variaciones que podría tener el título, no encontramos tal volumen. Existe una parte 29 de *Comedias de diferentes autores*, pero no incluye ni la comedia de Calderón, ni la de Montalbán de título parecido. En general, Valbuena Briones sigue, por una parte, el texto que Astrana Marín derivó de Hartzenbusch y, por otra, las convenciones de presentación del de Astrana, incluso en el uso del título: *De un castigo tres venganzas*.

3. Conclusiones sobre la filiación de los diferentes testimonios

En vista de todo lo hasta aquí expuesto, hemos de suponer que algún amanuense habrá hecho una copia apógrafa (X) del original (O) de Calderón, que se ha fechado tentativamente en torno a 1628. A partir de ella, o por medio de otras copias intermediarias, se deriva una línea que designamos como (X_1), de la cual descienden tanto la *princeps* (D28) como el manuscrito de la British Library (Ms), ambos testimonios datables en torno a 1634, y otra línea, designada como (X_2), de la cual descienden los textos de la *Quinta parte* de «Barcelona» de 1677 (B), reimpresa legalmente en Madrid el mismo año (M). Vera Tassis, en la *Novena parte* de 1691 (VT_1), hace referencia tanto al manuscrito como a B, M, y tal vez a D28, además de introducir otras enmiendas arbitrarias. La segunda edición furtiva de 1698 (VT_2) es una reproducción a plana y renglón de la primera de 1691, con pocas variantes en el texto de nuestra comedia, siendo estas tan mínimas que, en el caso de la línea de sueltas que se derivan de Vera Tassis, no es posible determinar si se han basado en la primera o en la segunda edición, por lo cual trazamos la línea de filiación desde un punto intermedio. Jaime Moll determinó que Apontes, al preparar su edición de las *Obras completas*, usó los volúmenes de la segunda edición de Vera Tassis conservados en la Biblioteca de la Real Academia Española, por lo cual en este caso trazamos la línea desde VT_2 hasta Apontes.

Una línea de sueltas se deriva de D28, siendo la primera STD en torno a 1675-1678; de esta parece derivar LBL en la década de 1680, y de ella FUB y varias ediciones de S268 en la última década del siglo XVII.

Como hemos señalado, la dependencia entre FUB y S268 puede ser a la inversa, algo que indicamos con una flecha bidireccional. Las sueltas VAR y SSC siguen en la misma línea, VAR en torno a 1750 y SSC entre 1749 y 1764. La otra línea de sueltas deriva de la(s) edicion(es) de Vera Tassis, SFL entre 1717 y 1728, SJH entre 1725 y 1738, BCS en 1766, y BFS en una fecha algo posterior a BCS. Proponemos, por consiguiente, el siguiente *stemma*:

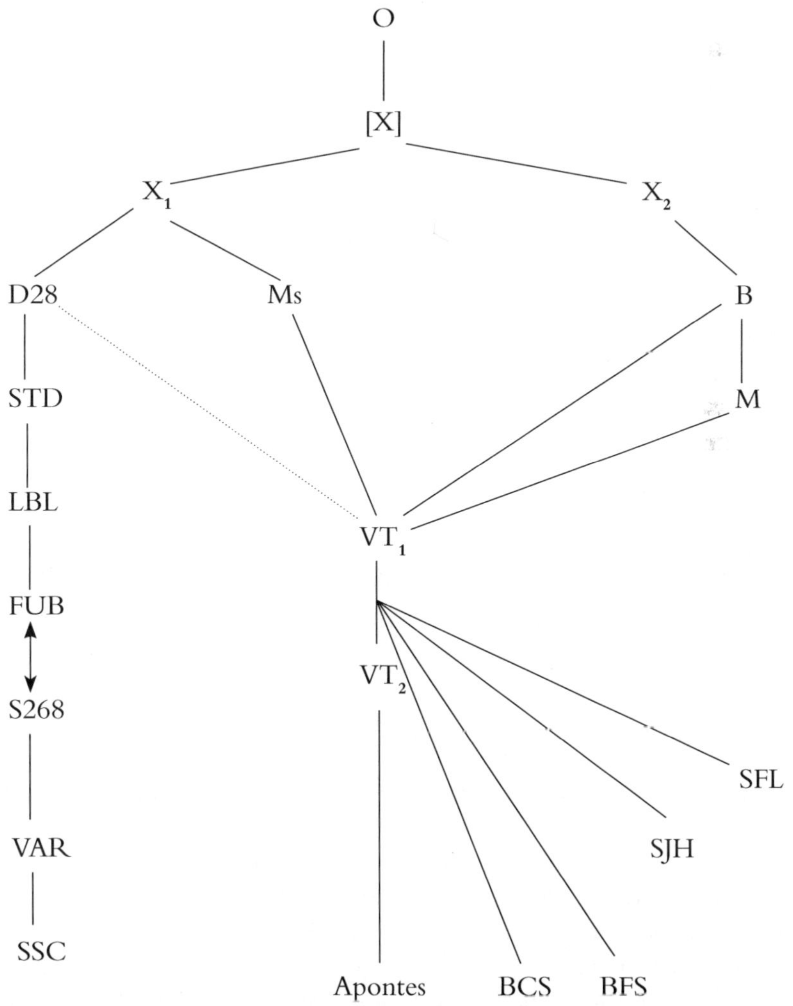

4. La presente edición

Hemos empleado como texto base para llevar a cabo la edición crítica de la obra, por considerarlo el más cercano al autógrafo original calderoniano, el *princeps* incluido en *Parte veynte y ocho de comedias de varios autores* (D28). Como es un texto plagado de errores, sin más preeminencia sobre los otros testimonios que su fecha de publicación, hemos tomado la decisión arriesgada de optar por llevar a cabo una edición ecléctica, como ya hemos comentado en la Presentación. Esperamos haber justificado convenientemente tal elección en la discusión de los cinco testimonios y las relaciones entre ellos. Cuando se han llevado a cabo enmiendas a partir de cualquier otro de los textos empleados para la elaboración de esta edición, se señala con un asterisco, invitando al lector a consultar la lectura de D28 y otros testimonios en el registro de variantes. Cuando consideramos la enmienda discutible, lo indicamos en una nota a pie de página del texto, señalada con el número del verso en cuestión.

La presentación gráfica del texto ha sido modernizada, salvo en algunas formas arcaicas, tanto si su uso es intencionado (a veces por cuestiones de rima) como si se trata de formas comunes en la época (*liciones* —v. 703—, *agora* —vv. 759, 1653, etc.—, *priesa* —vv. 1049, 1170 y 1176—, *mesmas* —v. 1074—, *infelice* —vv. 945, 961, etc.—, *felice* —v. 2632—, etc.) o en las ocasiones en las que se han reducido los grupos consonánticos cultos (*efeto* —v. 92—, *costante* —v. 125—, *vitoria* —v. 2627, etc.—); asimismo, se respetan las formas dúplices de los demostrativos, ya que afectan a cuestiones de medida versal: *aqueste*, *aquesta*, *aquesto*, *aquese*, *esotra*, etc. Sin embargo, se desarrollan las contracciones que se producen entre preposiciones y determinantes («deste», «desta», etc.), así como las combinaciones de preposición y artículos («de él», en lugar de «del»). Se mantienen las formas anómalas de pronunciación que puedan tener un interés fonético determinado, como en el caso de vulgarismos fonéticos que intencionalmente se ponen en boca de ciertos personajes en determinadas situaciones (*nuesama* —v. 1516—, *mercé* —v. 1522— *nacio* —v. 1524—, par —v. 1584— o *interromper* —v. 2362—). Se han respetado el léxico y las construcciones sintácticas apartadas de la norma (*hablarla* —v. 332—, *le ve* —v. 534—, etc.).

Se mantienen las formas verbales de uso común en la época como *hablalle* por *hablarle* (v. 638), *ponelle* por *ponerle* (v. 1011), *sacalle* por *sacarle* (v. 1018), *habelle* por *haberle* (v. 914), *comé* por *comed* (v. 2379), etc.

Por su parte, normalizamos el uso de las letras mayúsculas y actualizamos (tanto en el texto principal como en los textos aducidos en las notas) la acentuación y la puntuación siguiendo las normas de la Real Academia Española.

Las acotaciones no se incluyen en la numeración de los textos y, en alguna ocasión, se han cambiado de lugar cuando la lógica de la situación lo exigía.

Hemos regularizado las abreviaturas marginales que hacen referencia a los interlocutores, desarrollando los nombres de los personajes para facilitar la lectura. Hemos empleado versalitas para las indicaciones de los personajes y la cursiva para las acotaciones. Marcamos entre paréntesis en el texto los apartes, sin otra señalización marginal que pudiera suponer una interferencia con la lectura del texto, pero indicando en el Aparato crítico los testimonios que los incluyen. En el caso excepcional de que hayamos marcado la existencia de un aparte aun cuando este no aparezca reflejado en ninguno de los testimonios (vv. 2435-2438) dejaremos constancia de ello mediante el uso de corchetes y la abreviatura «*ap.*» en cursiva.

Asimismo, hemos desarrollado, sin hacer mención expresa a ello, tanto las abreviaturas como las palabras que aparecen incompletas pero cuya lectura es inequívoca.

Las notas filológicas e histórico-culturales irán ordenadas por el número del verso a pie de página. El criterio a la hora de elaborar estas ha sido el de facilitar un mejor entendimiento, en la mayor medida posible, de las referencias (llenas de significado para el público de la época pero muchas veces carente del mismo para nosotros, lectores modernos) que pudieran aparecer en la obra. La idea, por lo tanto, es la de facilitar una mejor comprensión de los pasajes del texto en sus diversos aspectos: semántico, histórico, literario, social, cultural, etc.

Por lo que respecta al aparato crítico, se llevará a cabo un aparato negativo ubicado después del texto. Como podrá comprobar el lector, la transcripción de las variantes es paleográfica. No hemos considerado como variante el uso o ausencia de abreviaturas, la presencia o ausencia de la *-ss-* intervocálica, la presencia-ausencia de *h-*, ni las alternancias *u/b/v* consonánticas así como las que se pueden producir entre *u/v, i/y, s/ss, x/j/g/, c/ç/z, qu/cu.*

La explicación detallada de cada fuente, manuscrita o impresa, se ha desarrollado en el apartado del estudio textual dedicado a las descripciones bibliográficas de testimonios.

ABREVIATURAS Y BIBLIOGRAFÍA

1. Abreviaturas

Aut.	*Diccionario de Autoridades.*
BDH	Biblioteca Digital Hispánica de la Biblioteca Nacional de España.
BVMC	Biblioteca Virtual Miguel de Cervantes.
Correas	Correas, Gonzalo, *Vocabulario de refranes y frases proverbiales.*
Covarrubias	Covarrubias, Sebastián de, *Tesoro de la lengua castellana o española.*
CVC	Centro Virtual Cervantes.
DICAT	*Diccionario biográfico de actores del teatro clásico español.*
DRAE	Real Academia Española, *Diccionario de la lengua española.*
Martínez Kleiser	Luis Martínez Kleiser, *Refranero general ideológico español.*
Rodríguez Marín	Francisco Rodríguez Marín, *Más de 21.000 refranes.*
TESO	*Teatro Español del Siglo de Oro.* Base de datos.

2. Bibliografía

Aguilar Piñal, Francisco, *Impresos sevillanos del siglo xviii. Adiciones a «Tipografía hispalense»*, Madrid, Consejo Superior de Investigaciones Cientificas, 1974.

Aguilar Priego, Rafael, «Aportaciones documentales a las biografías de autores y comediantes que pasaron por la ciudad de Córdoba en los siglos xvi y xvii», *Boletín de la Real Academia de Córdoba*, 84, 1962, pp. 281-319.

Arellano, Ignacio, *Editar a Calderón: hacia una edición crítica de las comedias completas*, Madrid / Frankfurt, Iberoamericana / Vervuert, 2007.

Bandello, Matteo, «La sfortunata morte di dui infelicissimi amanti che l'uno di veleno e l'altro di dolore morirono, con vari accidenti», *Le Novelle* (*c.* 1554), en <https://it.wikisource.org/wiki/Novelle_(Bandello)/ Seconda_parte/ Novella_IX>.

BARTIER, John, *Charles le Téméraire*, Bruxelles, Arcade, 1970.

BENABU, Isaac, *On the Boards and in the Press. Calderón's «Las tres justicias en una»*, Kassel, Reichenberger, 1991.

BIGELOW, Gary E., De un castigo, tres venganzas *and the Relationship of Justice and Vengeance in the Theater of Calderón: A Critical and Historical Study*, Pittsburgh, University of Pittsburgh, 1973.

— «A Note on the Date and Editions of Calderón's *De un castigo, tres venganzas*», *Estudios Ibero-americanos*, I, 1975, pp. 93-101.

— «Analysis of Calderón's *De un castigo, tres venganzas*: Structure, Theme, Language», en *Critical Perspectives on Calderón de la Barca*, ed. Frederick A. de Armas, David M. Gitlitz y José A. Madrigal, Lincoln, Society of Spanish & Spanish American Studies, 1981, pp. 13-37.

— «*De un castigo, tres venganzas* y la coincidencia de justicia y venganza en el teatro de Calderón», en *Calderón: Actas del Congreso Internacional sobre Calderón y el teatro español del Siglo de Oro (Madrid, 8-13 de junio de 1981)*, ed. Luciano García Lorenzo, Madrid, Consejo Superior de Investigaciones Científicas, 1983, vol. 2, pp. 827-838.

BLECUA, José Manuel, *Francisco de Quevedo. Obra poética*, Madrid, Castalia, 1969-1981, 4 vols.

CAAMAÑO ROJO, María J., «Estudio textual», en Pedro Calderón de la Barca, *El mayor monstruo del mundo y El mayor monstruo los celos*, ed. María J. Caamaño Rojo, Madrid / Frankfurt, Iberoamericana / Vervuert, 2017, pp. 31-87.

CALDERÓN DE LA BARCA, Pedro, *Amar después de la muerte*, ed. Jorge Checa, Kassel, Reichenberger, 2010.

— *Amor, honor y poder*, ed. Zaida Vila Carneiro, Madrid / Frankfurt, Iberoamericana / Vervuert, 2017.

— *El astrólogo fingido*, ed. Fernando Rodríguez-Gallego, Madrid / Frankfurt, Iberoamericana / Vervuert, 2011.

— *Autos sacramentales, alegóricos, y historiales. Primera Parte,* Madrid, en la Imprenta Imperial, por Joseph Fernández de Buendía, 1677.

— *Basta callar*, ed. Margaret Rich Greer, Ottawa, Dovehouse Editions, 2000.

— *El castillo de Lindabridis*, ed. Victoria B. Torres, Pamplona, Eunsa, 1987.

— *La dama duende*, ed. Fausta Antonucci. Estudio preliminar Marc Vitse, Barcelona, Crítica, 1999.

— *La estatua de Prometeo*, ed. Margaret Rich Greer, with a study of the music by Louis K. Stein, Kassel, Reichenberger, 1986.

— *Love is no laughing matter* (*No hay burlas con el amor*), trad. por Don Cruickshank and Seán Page, Warminister, Aris & Phillips Ltd., 1986.

— *El mayor encanto, amor*, ed. Alejandra Ulla Lorenzo, Madrid / Frankfurt, Iberoamericana / Vervuert, 2013.

— *La primera versión de* La vida es sueño, *de Calderón*, ed. José María Ruano de la Haza, Liverpool, Liverpool University Press, 1992.

— *Quinta parte de comedias de D. Pedro Calderón de la Barca,* Barcelona, Antonio la Cavalleria, 1677.

— *Quinta parte de comedias de D. Pedro Calderón de la Barca,* Madrid, Antonio Francisco de Zafra, 1677.

— *El secreto a voces*, ed. Wolfram Aichinger, Simon Kroll y Fernando Rodríguez-Gallego, Kassel, Reichenberger, 2015.

— *La vida es sueño*, ed. José María Ruano de la Haza, Madrid, Castalia, 1994.

Catalogue of the Spanish Library and of the Portuguese Books Bequeathed by George Ticknor to the Boston Public Library, Together with the Collection of Spanish and Portuguese Literature in the General Library, ed. James Lyman Whitney, Boston, G. K. Hall, 1970.

Clavería, Carlos, *«Le Chevalier Délibéré» de Clivier de la Marche y sus versiones españolas en el siglo xvi*, Zaragoza, Institución Fernando el Católico / Consejo Superior de Investigaciones Científicas, 1950.

Coenen, Erik, «Juan de Vera Tassis, editor de Calderón: El caso de *Amar después de la muerte*», *Revista de Filología Española*, LXXXVI, julio-diciembre 2006, pp. 245-257.

Correas, Gonzalo, *Vocabulario de refranes y frases proverbiales,* ed. Louis Combet, Robert Jammes y Mäité Mir-Andreu, Madrid, Castalia, 2000.

Cotarelo y Mori, Emilio, *Ensayo sobre la vida y obras de Don Pedro Calderón de la Barca*, ed. facsímil de Ignacio Arellano y Juan Manuel Escudero, Madrid / Frankfurt, Iberoamericana / Vervuert, 2001.

Covarrubias, Sebastián de, *Tesoro de la lengua castellana o española,* ed. Ignacio Arellano y Rafael Zafra, Madrid / Frankfurt, Iberoamericana / Vervuert, 2006.

Cruickshank, Don W., «The Textual Criticism of Calderón's Comedias», en *The Textual Criticism of Calderón's Comedias,* ed. Don W. Cruickshank. *Pedro Calderón de la Barca, Comedias: A Facsimile Edition*, vol. I, London, Gregg International Publishers Ltd., 1973, pp. 1-35.

— «The Two Editions of Calderón's *Quinta Parte* (1677)», en *The Textual Criticism of Calderón's Comedias,* ed. Don W. Cruickshank, en *Pedro Calderón de la Barca, Comedias: A Facsimile Edition*, vol. I, London, Gregg International Publishers Ltd., 1973, pp. 201-210.

— «Some Problems Posed by *Suelta* Editions of Plays», *Editing the comedia, II,* ed. Michael McGaha y Frank P. Casa, Ann Arbor, Michigan Romance Studies, 1991, pp. 97-123.

— *Don Pedro Calderón*, Cambridge, Cambridge University Press, 2009.

Cruickshank, Don W. y Edward M. Wilson, «A Calderón Collection in Dr. Steevens' Hospital, Dublin», *The Long Room*, 9, 1974, pp. 17-27.

Deleito y Piñuela, José, *El rey se divierte (Recuerdos de hace tres siglos)*, Madrid, Espasa Calpe, 1955.

Diccionario de Autoridades, versión digital: <http://web.frl.es/DA.html>.

Escudero y Perosso, Francisco, *Tipografía hispalense. Anales bibliográficos* de la *ciudad de Sevilla,* Sevilla, Área de Cultura Excmo. Ayuntamiento de Sevilla, 1999.

Ferrer Valls, Teresa (dir.), *Diccionario biográfico de actores del teatro clásico español,* Kassel, Reichenberger, 2008.

García-Diego, José A., *Los relojes y autómatas de Juanelo Turriano*, Madrid / Valencia, Albatros Ediciones, 1982.

— *Juanelo Turriano, Charles V's Clockmaker. The Man and His Legend*, Madrid, Castalia, 1986.

García Gómez, Ángel, *Actividad teatral en Córdoba y arrendamientos de la casa de comedias: 1602-1737,* Fuentes para la Historia del Teatro en España XXXIV, Madrid, Tamesis / Diputación de Córdoba, 1999.

Greer, Margaret R., «Introduction», Calderón de la Barca, Pedro, *Basta callar,* ed. Margaret Rich Greer, Ottawa, Dovehouse Editions, 2000, pp. 11-90.

— «La mano del copista: Diego Martínez de Mora interpreta a Calderón», *Anuario Calderoniano* 1, 2008, pp. 201-221.

Haley, George, *Vicente Espinel and Marcos de Obregón. A Life and Its Literary Representation,* Providence, Brown University Press, 1959. [Existe una edición en español incluida en José Lara Garrido, coord., *Vicente Espinel. Obras completas I,* Málaga, Diputación Provincial de Málaga, 1994].

Hilborn, Harry W., *A Chronology of the Plays of D. Pedro Calderón de la Barca,* Toronto, Toronto University Press, 1938.

Hildner, David, «"Víboras de papel" en la dramaturgia calderoniana», *Bulletin of the Comediantes*, 63, núm. 1, 2011, pp. 75-86.

Howard, Jean E., «Cross-dressing, the Theater, and Gender Struggle in Early Modern England», en *Crossing the Stage: Controversies on Cross-dressing*, ed. Lesley Ferris, London / New York, Routledge, 1993, pp. 20-46.

Huerta Calvo, Javier y Héctor Urzáiz Tortajada (coords.), *Diccionario de personajes de Calderón,* Madrid, Pliegos, 2002.

Lapesa, Rafael, *Historia de la lengua española,* Madrid, Gredos, 1981.

Leavitt, Sturgis E., «La *Quinta parte de Comedias* ascribed to Calderón de la Barca», *Hispanic Review* 42, 1972, pp. 209-211.

Martín Abad, Julián, «Series numeradas de la imprenta salmantina de la Santa Cruz», *Salamanca*, 20-21, 1986, pp. 146-200.

Martín Gaite, Carmen, *Usos amorosos del* xviii *en España,* Madrid, Siglo XXI de España Editores, 1972.

Moll, Jaime, «Sobre la edición atribuida a Barcelona de la *Quinta parte de Comedias* de Calderón», *Boletín de la Real Academia Española*, 51, 1973, pp. 207-213.

— «Diez años sin licencias para imprimir comedias y novelas en los reinos de Castilla: 1625-1634», *Boletín de la Real Academia Española*, 54, 1974, pp. 97-103.

— «Comedias sueltas no identificadas», en *Repertorio de impresos perdidos o imaginarios*, Madrid, Ministerio de Cultura, 1982, vol. I, pp. 289-329.

— «Sobre las ediciones del siglo XVIII de las partes de comedias de Calderón», en *Calderón: Actas del Congreso Internacional sobre Calderón y el teatro español del Siglo de Oro (Madrid, 8-13 de junio de 1981)*, ed. Luciano García Lorenzo, Madrid, Consejo Superior de Investigaciones Científicas, 1983, vol. I, pp. 221-234.

MORETO, Agustín y Pedro Calderón de la Barca, *La fingida Arcadia*, ed. Marcella Trambaioli, en <www.moretianos.com>.

MORLEY, S. Griswold y Richard W. TYLER, *Los nombres de personajes en las comedias de Lope de Vega. Estudio de onomatología*, Berkeley / Los Ángeles, University of California Press, 1961.

PAGE, Thomas E., *et al.* (ed.), *Aelian. On the Characteristics of Animals*, Cambridge / London, Harvard University Press / William Heinemann Ltd., 1958-1971.

PARKER, Geoffrey, *Imprudent King: A New Life of Philip II*, New Haven, Yale University Press, 2014.

PAZ Y MELIÁ, Antonio, *Catálogo de las piezas de teatro que se conservan en el Departamento de Manuscritos de la Biblioteca Nacional*, 2ª ed. revisada por Julián Paz Espeso, Madrid, Patronato de la Biblioteca Nacional, 1934.

PÉREZ PASTOR, Cristobal, *Nuevos datos acerca del histrionismo español en los siglos XVI y XVII, Primera Serie*, Madrid, Imprenta de la Revista Española, 1901.

PROFETI, Maria Grazia, *La collezione 'Diferentes autores'*, Kassel, Reichenberger, 1988.

REICHENBERGER, Kurt, «El *Jardín ameno*. Primeros pasos hacia la reconstrucción de una colección de comedias de finales del siglo XVII hasta comienzos del siglo XVIII», en *Diálogos hispánicos de Amsterdam. El teatro español a fines del siglo XVII. Historia, cultura y teatro en la España de Carlos II. Dramaturgos y géneros de las postrimerías*, ed. Javier Huerta Calvo *et al.*, núm. 8, vol. 2, 1989, pp. 287-297.

RODRÍGUEZ-GALLEGO, Fernando, «Estudio textual», en Pedro Calderón de la Barca, *El astrólogo fingido*, ed. Fernando Rodríguez-Gallego, Madrid / Frankfurt, Iberoamericana / Vervuert, 2011, pp. 33-176.

RODRÍGUEZ MARÍN, Francisco, *Más de 21.000 refranes castellanos no contenidos en la copiosa colección del maestro Gonzalo Correas*, Madrid, Atlas, 2007.

RUANO DE LA HAZA, José María, «La edición crítica de un texto dramático del siglo XVII: el método ecléctico», en *Crítica textual y anotación filológica en obras del Siglo de Oro: Actas del Seminario Internacional para la Edición y Anotación de*

Textos del Siglo de Oro, coord. Jesús Cañedo Fernández e Ignacio Arellano Ayuso, Madrid, Castalia, 1990, pp. 493-518.

Rufo, Juan, *Las seiscientas apotegmas y otras obras en verso,* ed. Alberto Blecua, Madrid, Espasa Calpe, 1972.

Sáez Raposo, Francisco, *Juan Rana y el teatro cómico breve del siglo xvii*, Madrid, Fundación Universitaria Española, 2005.

— «Las aspiraciones creativas de un copista: la intervención de Diego Martínez de Mora en *Un castigo en tres venganzas*», *Anuario Calderoniano*, 3, 2011, pp. 321-332.

— «Cartografía urbana y espacialidad dramática en *Santiago el Verde*, de Lope de Vega», *Tintas. Quaderni di letterature iberiche e iberoamericane*, 3, 2013, pp. 45-58, en <riviste.unimi.it/index.php/tintas>.

Schmidt, Friedrich Wilhelm V., *Die Schauspiele Calderón's dargestellt und erläutert*, Elberfeld, R. L. Friderichs, 1857.

Spitzer, Leo, «Soy quien soy», *Nueva Revista de Filología Hispánica*, I, 1947, pp. 113-127.

Sullivan, Henry W., *Calderón in the German Lands and the Low Countries: His Reception and Influence, 1654-1980*, Cambridge, Cambridge University Press, 1983.

Teatro Español del Siglo de Oro. Base de datos de texto completo, Chadwick-Healy, 1997-2017. Recurso electrónico.

The Book of Beasts, trad. T. H. White, London, Jonathan Cape, 1956.

Tyler, Richard W. y Sergio Elizondo, *The Characters, Plots, and Settings of Calderón's* Comedias, Lincoln, Society of Spanish and Spanish-American Studies, 1981.

Urzáiz Tortajada, Héctor, *Catálogo de autores teatrales del siglo xvii*, Madrid, Fundación Universitaria Española, 2002, 2 vols.

Valbuena Briones, Ángel, *Calderón de la Barca. Dramas de honor (A secreto agravio, secreta venganza, El médico de su honra y El pintor de su deshonra),* Madrid, Espasa Calpe, 1956, 2 vols.

Valbuena Briones, Ángel y Ángel Valbuena Prat, *Don Pedro Calderón de la Barca. Obras Completas*, Madrid, Aguilar, 1952-1959, 3 vols.

Vega García-Luengos, Germán, «Impresos teatrales vallisoletanos del siglo xviii. Ciento treinta adiciones al Catálogo de Alcocer», *Boletín de la Biblioteca de Menéndez Pelayo*, LXVI, enero-diciembre 1990, pp. 271-294; LXVII, enero-diciembre 1991, pp. 319-365.

— «El teatro barroco en los escenarios y en las prensas de Valladolid durante el siglo xviii», en *Teatro del Siglo de Oro. Homenaje a Alberto Navarro González*, Kassel, Reichenberger, 1990, pp. 639-673.

— «Impresos teatrales sevillanos del Siglo xviii: pautas de un estudio», en *Trabajos de la Asociación Española de Bibliografía,* Madrid, Biblioteca Nacional / Ministerio de Cultura, 1993, vol. I, pp. 367-374.

— «Lectores y espectadores de la comedia barroca: los impresos teatrales sevillanos del siglo XVIII», en *Estado actual de los estudios sobre el Siglo de Oro. Actas del Séptimo Congreso Internacional de Hispanistas*, ed. Manuel García Martín, Salamanca, Universidad de Salamanca, 1993, vol. 2, pp. 1007-1016.

Verdores del Parnaso, ed. Rafael Benítez Claros, Madrid, Consejo Superior de Investigaciones Científicas, 1969.

VOROS, Sharon D., «Thomas Kyd and Pedro Calderón: Toward a Semiotics of Revenge Drama», en *Parallel Lives: Spanish and English National Drama 1580-1680*, ed. Louise Fothergill-Payne y Peter Fothergill-Payne, Lewisburg / London, Bucknell University Press / Associated University Presses, 1991, pp. 108-124.

— «Feminine Symbols of Empire in Thomas Kyd and Pedro Calderón: *The Spanish Tragedy* and *De un castigo tres venganzas*», *Pacific Coast Philology*, 27, núm. 1-2, 1992, pp. 145-158.

WILSON, Edward M. y Don W. CRUICKSHANK, *Samuel Pepys's Spanish Plays*, London, The Bibliographical Society, 1980.

ZUGASTI, Miguel, «Bebedizos, pócimas, narcóticos y otros venenos en el Siglo de Oro», en *Brujería, magia y otros prodigios en la literatura española del Siglo de Oro*, ed. María Luisa Lobato, Javier San José y Germán Vega, 2016, pp. 739-772, en: <http://www.cervantesvirtual.com/obra/brujeria-magia-y-otros-prodigios-en-la-literatura-espanola-del-siglo-de-oro/>.

TEXTO CRÍTICO
DE
UN CASTIGO EN TRES VENGANZAS

*UN CASTIGO EN TRES VENGANZAS**

COMEDIA FAMOSA DE DON PEDRO CALDERÓN*

HABLAN EN ELLA LAS PERSONAS SIGUIENTES:

Dramatis personæ: no hemos podido hallar un trasunto real para el personaje de Enrique, ya que el Enrique de Borgoña más destacado en las crónicas históricas falleció en el año 1114. Descendiente por línea paterna (su progenitor también se llamó Enrique de Borgoña) del rey francés Roberto «el Piadoso», y emparentado con Alfonso VI de Castilla (estuvo casado con Teresa, hija ilegítima de este) fue conde de Portugal y padre de Alfonso Enríquez, quien había de convertirse en el primer rey de Portugal. Carlos de Borgoña, conocido como «el Temerario» por su propensión a enfrentarse con soberanos mucho más poderosos que él, fue hijo de Felipe III «el Bueno» y de Isabel de Portugal. Nacido el 10 de noviembre de 1433 en la ciudad de Dijon, fue el último conde de dicha dinastía y uno de los más importantes, ya que durante su periodo de gobierno el Ducado de Borgoña llegó a su apogeo a través de la expansión territorial y el establecimiento de una nueva ordenación política y administrativa (uno de cuyos aspectos clave fue la secesión del control francés). Modelo de ideal caballeresco y descrito frecuentemente como uno de los últimos grandes señores feudales europeos, es considerado por algunos como un verdadero príncipe renacentista *avant la lettre* muy querido por sus súbditos. Su máxima aspiración política (que estuvo a punto de ver cumplida en 1473) fue verse coronado como rey, de ahí la enorme actividad bélica con fines anexionistas que llevó a cabo a lo largo de su vida. Su trayectoria política estuvo marcada por sus constantes enfrentamientos con el rey francés Luis XI debido a su deseo de unir los territorios meridionales y septentrionales de sus dominios a través de la anexión de la región de Lorena. El 5 de enero de 1477 Carlos murió cerca de la ciudad de Nancy en su intento por recuperar el control de la misma, pues la había perdido en octubre del año anterior a manos del poderoso ejército formado tras la alianza establecida entre Luis XI de Francia y los suizos. Después de ello, el Ducado se desintegró rápidamente. Las crónicas cuentan que su cuerpo apareció congelado junto a un lago y gravemente mutilado, devorado, posiblemente, por los lobos. El 18 de agosto de 1477

FEDERICO, GALÁN.
ENRIQUE.
CLOTALDO.
DUQUE DE BORGOÑA.
MANFREDO, VIEJO.
BECOQUÍN.
FLOR, DAMA.
FLÉRIDA*.
LAURA, CRIADA.
FLORO, VEJETE.
DOS MONTEROS.
UN CRIADO DEL DUQUE.

JORNADA PRIMERA

Salen el Duque, Enrique, de camino, Manfredo, Federico y Clotaldo.

DUQUE
Vengas con bien, Enrique, donde sean [octavas reales]
digno laurel de tu valor mis brazos,
cuando ceñir sobre tu cuello vean
fáciles nudos con ilustres lazos.

ENRIQUE
Mal, Carlos invictísimo, se emplean
en tronco tan inútil los abrazos
tan nobles. No malogres dichas tantas,

María de Borgoña, hija del duque y de Isabel de Borbón, contraía matrimonio con Maximiliano I (archiduque de Austria, rey de Alemania y emperador del Sacro Imperio Romano) de cuya unión nacería Felipe «el Hermoso». De ahí que, años más tarde, algunas de las posesiones territoriales que en su día tuvo Carlos de Borgoña (Flandes y el Franco Condado) terminarían perteneciendo, a través de línea sucesoria, a su bisnieto, el emperador Carlos V. Para una semblanza completa y detallada de Carlos de Borgoña, remitimos a Bartier, 1970.

acot. inicial de camino: indicación escénica de carácter semiológico que señalaba el traslado de personajes de un lugar a otro. Los actores así ataviados llevaban botas, espuelas y ropa de viaje. Esta última solía ser de colores llamativos en oposición al negro riguroso que estaba de moda en la corte española desde los tiempos de Felipe II. De esta vistosa manera vestían, por ejemplo, los soldados, según nos refiere Juan Rufo en su apotegma número 637: «Dos soldados bizarros y valientes llegaron a la Corte, y aunque venían galanes y bien puestos en el traje que por allá se usa, no salían de la posada, esperando que les acabasen sendos vestidos negros. Sabido lo cual, les dijo: "Tan bien les están a los soldados sus colores y hábito militar como a las columnas de jaspe sus diferencias y labores naturales"» (ed. Blecua, 1972, p. 222).

v. 2 *laurel*: «Metafóricamente se toma por premio o corona» (*Aut*).

pues basta que me admitas a tus plantas,
donde, nadando en piélagos de fuego,
donde, volando en círculos de plata,
humilde rayo de tu esfera llego,
en quien el sol su resplandor retrata.

DUQUE Pues, ¿qué hay del duque de Sajonia?

ENRIQUE Luego
que oyó de mí lo que tu imperio trata,
segunda vez las armas apercibe
y con grande secreto esta te escribe.

Dale un papel. Lee.

[DUQUE] A Carlos de Borgoña, el Justiciero.
Con buenas señas viene el sobrescrito,

v. 10 *donde, volando... plata*: mediante esta estructura paralelística, Calderón pone en boca de Enrique una compleja hipérbole conceptual cuyo objetivo sería encarecer la dignidad del Duque. Por una parte, en el verso 9, sobre un evidente oxímoron enfatizado mediante el uso del verbo «nadar», parece traslucirse el grandísimo afecto que Enrique siente por su tío, ya que una de las acepciones que del término «piélago» recoge el *Diccionario de Autoridades* es la de «[...] todo aquello que por su abundancia y copia es dificultoso de enumerar o contar». Esto, unido al sobradamente conocido uso de la palabra «fuego» denotando «[...] el ardor que excitan algunas pasiones del ánimo [...]», explicaría nuestra interpretación. En lo referente al verso 10, se puede apreciar cómo la plata (metal precioso) sirve para subrayar y ponderar esos círculos (forma geométrica considerada tradicionalmente como símbolo de la perfección absoluta), que habría que entender, en un sentido metafórico, como las órbitas celestes que giran en torno a un astro o «esfera» principal cuyo resplandor ensombrece al propio sol. Las metáforas basadas en términos y conceptos astronómicos van a ser un elemento muy reiterado en esta primera jornada.

v. 13 *duque de Sajonia*: el jefe de la casa ducal de Sajonia contemporáneo a Carlos «el Temerario» fue Federico II, conocido como «el Bondadoso» (Leipzig, 22 de agosto de 1411-7 de septiembre de 1464). Hijo de Federico «el Guerrero», iniciador de la dinastía Wettin al frente del ducado y electorado de Sajonia, su mandato (que se extendió desde 1428 hasta su muerte) estuvo marcado por las luchas que tuvo que mantener para defender y conservar las posesiones territoriales que había heredado de su padre. Años después de su muerte, en concreto, en 1485, sus hijos Alberto y Ernesto decidieron, mediante la firma del Tratado de Leipzig, dividir definitivamente dichas posesiones en lo que se conocería como las tierras sajonas albertinas (el territorio oriental heredado de su padre) y ernestinas (el occidental).

v. 17 [DUQUE] Falta en todos los testimonios la indicación del Duque como locutor en este punto, pero queda claro en el verso 19 que es él quien habla.

que el Justiciero soy, cuyo severo
blasón a mis anales solicito.
Ver lo que mi enemigo dice quiero.
La nema rompo, la cubierta quito,

Lee para sí.

y ya veo, entre penas y entre enojos,
que es la tinta veneno de los ojos.
Extraño caso, y tan extraño caso,
que una y mil veces le repito y veo,
y cuanto más por él los ojos paso,
menos fuerza le doy, menos le creo,
si bien en rabia y cólera me abraso
de ver que allá se sepa mi deseo,
siendo así que los cinco que aquí estamos,
solos lo dispusimos y tratamos.
Enrique es mi sobrino y no pudiera
en mi sangre caber alevosía;
Manfredo me ha criado, verdadera
es su fe que excedió la luz del día;
Clotaldo es el Atlante de esta esfera,
porque él es toda la privanza mía;
Federico, prudente y atrevido,
en la paz y en la guerra me ha servido.
¿Qué haré? Si me declaro aquí, el respeto
le pierdo a mi valor; si sufro y callo,
daré con la omisión fuerza al efeto
de un falso amigo, de un traidor vasallo.
Solo esta vez dañar pudo el secreto.

v. 22 *cubierta*: la cubierta de la carta es «el sobrescrito que la cierra y en que va inclusa» (*Aut*).

v. 24 *es la tinta veneno de los ojos*: aunque el sentido aquí es figurado, el uso de tinta tóxica era un método de envenenamiento conocido desde tiempos remotos. Comp. *La fingida Arcadia*: «Este papel que en el pecho / —nadie puede vernos— traigo, / de un tósigo tan malino / viene escrito que, en llegando / a fijar en él los ojos, / por los visüales rayos / el corazón inficiona» (Moreto y Calderón, vv. 690-696). Sobre la capacidad nociva del papel escrito (transmutado en «víbora de papel» para su lector) en el teatro de Calderón (en concreto, en *El mayor monstruo los celos* y *No hay burlas con el amor*), ver Hildner, 2011.

Quiérome declarar por ver si hallo
desengaño teniéndolos delante,
que la muestra del pecho es el semblante.

ENRIQUE En confusión la carta al Duque ha puesto.

CLOTALDO * Grande la pena es, pues él suspira.

MANFREDO Nunca a Carlos le vi tan descompuesto.

FEDERICO Con notable atención vuelve y nos mira.

CLOTALDO Señor excelentísimo, ¿qué es esto?

FEDERICO A todos nos suspende y nos admira
ver en vos tal afecto de tristeza.

MANRIQUE ¿Con lágrimas responde vuestra alteza?

DUQUE No os espantéis, Manfredo, de haber visto
en mí tal sentimiento, porque es fuerza
que hoy la severidad que no resisto,
el uso altere y el estilo tuerza.
No es temor de las gentes que conquisto
el que mi pecho a tal extremo esfuerza.
Causa hay mayor, mayor desdicha sigo.

MANFREDO Pues, ¿qué tenéis señor?

DUQUE Perdí un amigo.

MANFREDO ¿Es muerto el duque de Austria?

DUQUE No, Manfredo,
ni este amigo murió, que si muriera
menos dolor me diera, menos miedo,
saber que le gané en mejor esfera.

v. 68 *mejor esfera*: «se toma comúnmente por el cielo o esfera celeste» (*Aut*). En la misma línea se manifestaba Covarrubias, que indicaba que «llamamos esferas todos los orbes celestes y los elementales, como la esfera del fuego, etc. Dijo el otro: "Ardo en la más alta esfera, etc."». Es decir, con esta denominación se conocía lo que hoy llamamos «cosmos», aunque en nuestro contexto habría que entenderlo como 'en mejor vida'. Hasta el desarrollo de la teoría heliocéntrica del universo llevada a cabo por Copérnico en la primera mitad del siglo XVI, el conocimiento astronómico occidental estaba sustentado en la teoría geocéntrica elaborada por Claudio Ptolomeo en el siglo II de nuestra era, que se ha conservado en su obra magna titulada *Megale Syntaxis* o *Constructio Mathematica*, más conocida, debido al nombre que adoptó en su versión árabe, como *Almagesto*. En ella, el insigne astrónomo, matemático y geógrafo egipcio proponía que

Por lo que triste yo y confuso quedo
es porque le he perdido sin que él muera.
Ved la carta, veréis mi sentimiento.
(Y yo mis penas, a los cuatro atento.)

Lee Manfredo.

MANFREDO «Avisado he sido de que Vuestra Alteza pasa por tierras mías a verse con su sobrino el duque de Austria para hacer liga contra mí, y que podré prenderle en el camino. Yo no he querido deberle a ajena deslealtad lo que puedo al proprio valor, y así aviso a Vuestra Alteza que mire de quién se fía, y pues es de enemigo tome el primer consejo. Dios guarde a Vuestra Alteza. El duque de Sajonia.»

Esto dice la carta.

ENRIQUE Extraño caso.

FEDERICO ¡Vive Dios si supiera...!

CLOTALDO (Yo estoy muerto.)

DUQUE (Cuando las señas examino y paso,
cuatro semblantes en los cuatro advierto:
Manfredo la leyó sin hacer caso;
Enrique queda del suceso incierto;
Federico colérico se ofende;
Clotaldo se suspende y se suspende.

el universo estaba formado a partir de un conjunto de esferas cristalinas, constituidas por éter, en las que se engarzaban los planetas y las estrellas que giraban en torno a la Tierra, que permanecía fija. Estas esferas estaban a su vez insertas en otras cuyo límite se marcaba por una especie de propulsor primario (conocido como *primum mobile*) que originaba el movimiento de todas ellas en sentido inverso al del suyo propio.

v. 72a *Lee Manfredo*: era recurso habitual en el teatro de la época romper el verso de la obra a la hora de introducir textos incluidos en billetes o cartas. De este modo, se aportaba el toque de verosimilitud que requería la situación.

v. 80 *y se suspende*: a tenor de lo que dice el Duque en el v. 86 pareciera que la lectura en este caso más correcta sería la que recogen M y VT: «se entristece». Sin embargo, por coherencia con el conjunto de la fijación textual, respetamos la lectura que presentan el resto de testimonios que, por otro lado, no solo no es inapropiada, sino que, además, supone un énfasis muy poético.

¿Cuál de estos tres afectos habrá sido
el que indicia a su dueño de culpado?
¿Manfredo que constante ha resistido,
o Enrique que confuso se ha admirado?
¿Federico que ciego se ha ofendido,
o Clotaldo que triste se ha mostrado?
No sé, que varias dio naturaleza
contraria admiración, ira y tristeza.
Pero toque una experiencia [romance é-o]
la verdad.) ¿Cómo, Manfredo,
después de haber revelado
* de esta traición el secreto,
ni os admiráis, ni mostráis
cólera, ni sentimiento
de tristeza, y os quedáis
con el semblante primero?
Poco cuidado os ha dado
el mío, pues no os merezco
parte en mis penas.

MANFREDO Señor,
los que con salud tenemos
experiencias, porque al fin
dijo un sabio que los viejos
en la escuela de los años
* son discípulos del tiempo,
pocas veces nos rendimos
a la admiración ni hacemos
acciones que signifiquen
nuestro dolor. Fuera de esto,
como yo dentro de mí
sé lo que en mí mismo tengo
y no puedo sin mí mismo
haber errado acá dentro,
no hice novedad alguna,
* porque ya, caduco y viejo,
ni como mozo me espanto,

vv. 100-113 omitido Ms.

ni como joven me altero,
ni como mal advertido
hago actos de sentimiento.
Y así, señor, ni me admiro,
ni me enojo, ni entristezco.

ENRIQUE
Las cosas grandes que vienen
sin hacer salva primero
a la razón, con la luz
que les da el entendimiento,
* dignamente el más constante
debe admirar, pues, por eso,
a la cólera del rayo
previno la voz del trueno.
Quien no se admiró de verle
fue porque supo primero
la venida de la voz,
que se lo dijo en el viento;
y así, el no haberse admirado,
da escrúpulos de saberlo,
porque es modestia afectada
hacer de un rayo desprecio.
Irse tras la admiración
no está en mano del afecto,
luego del riesgo sabrá
quien no hizo caso del riesgo.
Yo hice admiración, y cuantos
no han hecho lo que yo he hecho
son para mí sospechosos.

FEDERICO
Pon a tus razones freno,
que basta que te disculpes
tú, sin que intentes, soberbio,
culpar a otro, pues ninguno
de cuantos aquí nos vemos
tiene, Enrique, contra sí
más testigos que tú mesmo,
porque la admiración dice
sobresalto, y no sabemos
si te admiraste de haber

alimentado en tu pecho
su muerte, bien como el áspid
que, de otras vidas sediento,
es, quitándose la suya,
* el homicida y el muerto.
Y si se debe argüir

v. 155 *su muerte*: así en todos los testimonios hasta VT, que lo cambia por «tu muerte». Aunque parece una lectura más lógica la de los otros testimonios, esta es posible y, por eso, la mantenemos.

v. 158 *el homicida y el muerto*: aunque bajo la denominación genérica de «áspid» se englobaban un buen número de especies de ofidios, generalmente se asociaba con la cobra egipcia, animal especialmente célebre al haber sido empleado por Cleopatra para llevar a cabo su suicidio. En ninguna de las numerosas fuentes consultadas hemos podido hallar noticia ni tradición alguna que dé cuenta de este curioso comportamiento autodestructivo contranatural que, por supuesto, no tiene ninguna base zoológica. Sin embargo, la consideración universalmente aceptada de que el áspid es un animal tremendamente venenoso y, por extensión, despiadado y sanguinario podría ser el origen del juicio declarado en estos versos. Estaba aceptado el hecho de que el propio nombre provenía de esta circunstancia, ya que el término latino «*aspis*» provendría del griego «*iós*» que significaba, precisamente, veneno. Áspid era sinónimo de veneno y, claro está, de muerte, de tal manera que el adjetivo «ponzoñoso» solía aparecer irremediablemente unido a este nombre. Se decía que eran tan venenosas que el simple hecho de tocar la piel de un áspid muerto podía ser fatal. Claudio Aelio (autor latino de los siglos I y II de nuestra era), en su obra *De natura animalium*, ya citaba como la más destacable característica de este reptil el poder letal de su veneno, considerado por él como el más potente de todas las serpientes («among all those who have been bitten by an Asp there is no record of a single man having escaped disaster [...] Those who have been bitten by an Asp do not live for more than four hours and are assailed by choking and convulsions and retching, so they say»). Tanto era así, que afirmaba sin ambages: «This creature truly deserves to be hated for being blessed with the power of injury» (Page, Capps, Rouse, Post y Warmington, 1958-1971, II, p. 53 y I, p. 73, respectivamente). Esta leyenda negra (fomentada, entre otros, por Isidoro de Sevilla y Alberto Magno, que describieron detalladamente los diferentes tipos de muerte que provocaban con su mordedura las diversas especies de áspides) llegó hasta los Bestiarios medievales donde la imagen del animal fue tomando tintes legendarios. Solo por citar un ejemplo, en un Bestiario del siglo XII se decía del áspid que «[...] always runs about with its mouth wide open and steaming, the effect of which is to injure other sorts and kinds and species of animals» (White, 1956, p. 173). Es interesante notar que para Ángel Valbuena Briones (1956, I, XLI y 80 nota a los vv. 450-453) el término genérico «serpiente» tiene en Calderón «un valor simbólico y ornamental» que en ocasiones es sinónimo de los celos que el caballero no puede dejar traslucir en sus sentimientos. Con idéntico valor, según el mismo autor, el dramaturgo emplea los términos «áspid» y «basilisco». Volveremos a encontrar una referencia a este reptil en el verso 922.

* la lealtad por el efecto
que hizo en nosotros la carta,
yo solo disculpa tengo,
que colérico al oírla,
llevado de mi ardimiento,
le quisiera dar mil muertes
al que es traidor a su dueño
y su patria. Mira cómo
quien sintió con tanto extremo
verle ofendido de otro,
le ofendiera por sí mesmo.

CLOTALDO Déjame a mí responder
por ti y por mí. En tu argumento
tu misma razón te vence,
Federico, pues haciendo
a la admiración de Enrique
equivocados intentos,
como son a la lealtad
y a la culpa en tu concepto,
tu misma lengua es el áspid
que siendo tuya te ha muerto,
pues tu cólera tampoco
se explica, y no conocemos
si es contra quien cometió
la traición de este secreto,
o contra quien la revela,
pues, no tienen, según creo,
cólera ni admiración
determinado el objeto.

MANFREDO Nadie debiera callar
más que tú, Clotaldo, puesto
que fue tuya la tristeza,
porque es el más proprio afecto
la tristeza de quien tiene
mal seguro el pensamiento.

ENRIQUE * También la tristeza es noble
* y muy digno sentimiento
de un leal que ve ofendido

su señor. Y así, Manfredo,
su tristeza le disculpa
más que a ti tus fingimientos.

MANFREDO Con licenciosas palabras
ofendes al que es ejemplo
de lealtad, y bien debieras
agradecerme que dejo
de decir, Enrique...

ENRIQUE ¿Qué?

MANFREDO Que eres del Duque heredero,
* y que al duque de Sajonia
fuiste a ver, y está más puesto
en razón que, interesado,
le descubrieses tu intento
cara a cara que nosotros
a mil peligros expuestos.
Porque es tanta la vergüenza
de fiar un caballero
su flaqueza, que infinitos
son honrados no por serlo,
sino por no declarar
que no lo son a un tercero.

ENRIQUE Si no estuviera delante
el Duque, caduco y necio,
hiciera...

FEDERICO ¿Para qué son
bizarrías con un viejo?
Y si está delante el Duque,
embótense los aceros
para cuando no lo esté.
Yo, solo, a los dos defiendo
mi lealtad y su lealtad,
brazo a brazo y cuerpo a cuerpo,
y el que primero este guante
tomare será el primero
que riña.

Arrójale y tómanle los dos.

ENRIQUE ¡Suelta, Clotaldo!

CLOTALDO ¡Suelta, Enrique!

DUQUE Pues, ¿qué es esto?
¿No miráis que estoy delante?
¿Así se pierde el respeto
a mi persona? ¡Soltad!

**Toma el Duque el guante.*

ENRIQUE Señor.

CLOTALDO Señor.

DUQUE Yo me quedo,
Federico, con el guante.
Y pues solo yo le tengo,
a nadie toca salir
sino a vos; y así, al momento
salid de mi corte antes
que por altivo y soberbio
de los hombros os divida
sangriento verdugo el cuello.

FEDERICO Solo para obedecerte
valor tuve y vida tengo,
pero advierte que apartarme
de ti, señor, cuando veo
el juicio de una traición
entre nosotros suspenso,
es decir que yo lo soy.

DUQUE Federico, yo os destierro
por atrevido.

FEDERICO Señor,
no a todos les consta eso,
y a todos consta que salgo
en vuestra desgracia.

DUQUE ¡Luego
salid de mi corte!

FEDERICO Dame
la muerte, pues la merezco,

en un público cadalso,
que yo moriré contento
de ver que dice el pregón
a todos por lo que muero.

DUQUE Bien está.

ENRIQUE Adiós, Federico.

FEDERICO Otro día nos veremos.

ENRIQUE Norabuena.

FEDERICO Pues, yo tomo
la palabra.

DUQUE Pues, ¿qué es eso?
Vos no salgáis de la corte,
que en ella habéis de estar preso,
Enrique; y vos, retiraos
a vuestra casa, Manfredo.
Tú ven, Clotaldo, conmigo.

CLOTALDO Apenas, señor, me atrevo
a mirarte, por si acaso
sospechas de mí que puedo
haber sido yo.

DUQUE Clotaldo,
no te disculpes, que temo
que me diga la disculpa
lo que me calló el silencio.

Vanse.

CLOTALDO (Bien me ha sucedido todo,
pues, seguro el Duque, tengo
aquestos favores más,
y aqueste enemigo menos,

v. 278 *lo que me calló el silencio*: mediante esta sutil ironía trágica, Calderón nos adelanta lo que inmediatamente después nos va a confirmar el propio Clotaldo en su parlamento siguiente. La cultura popular ha sabido detectar y sintetizar este tipo de reacciones humanas en expresiones como «*excusatio non petita, general suspicionem*», «*excusatio non petita, acusatio manifesta*», «quien se excusa se acusa», «satisfacción no pedida, trampa conocida», «donde no hay que acusar, no hay que excusar» y otras similares.

que he de ser dueño de Flor
y de estos estados dueño.)

Vase.

FEDERICO
¿Hay más desdichas, fortuna?
¡Oh, qué bien dijo un discreto
que no es la primer desdicha
la que ha de sentir el cuerdo,
sino empezar a sentir
las que han de seguirse luego!
Que son horas las desdichas
que en el minuto postrero
que una acaba, empieza otra.
¡Ay, Carlos, el Justiciero,
qué mal cumples con el nombre
que te ha de clamar eterno!
¡Ay, Flor hermosa! En llegando
aquí mi dolor, no puedo
proseguir, porque las voces
anudadas en el pecho
se estorban unas a otras
por salir todas a un tiempo,
bien como un cristal penado

vv. 287-290 *primer desdicha... luego*: es creencia aceptada por la superstición popular el hecho de que las desgracias «nunca vienen solas». El refranero español aporta numerosos ejemplos al respecto, como «de un mal nacen siete, cuando no veinte», «tras un mal viene otro mal», «tras lo peor suele venir lo más peor», «un mal ido, otro venido», «tras un quebranto, otro tanto», etc. (Martínez Kleiser). Tanto es así que Correas recoge un aforismo nacido, precisamente, del sentimiento de resignación y pesimismo creado por esa especie de hado funesto del que, por cierto, se sirvió el propio Calderón para titular otra de sus obras: «bien vengas, mal, si vienes solo».

v. 303 *penado*: en este contexto, tal y como señala el *Diccionario de Autoridades*, el término «se aplica al vaso, copa o taza que da la bebida con dificultad y escasez». Por consiguiente, el sustantivo «cristal» ha de entenderse con valor metonímico, ya que el material denota al objeto fabricado con él. Sucede exactamente lo misno en el v. 2182. «The "cristal penado", and other images, generally express emotional suffering. The glass of the "miradores", Federico's jealous tears, and later his soul's cristal, are related to the verity of falsity of appearances. [...] Images of another kind of glass are used in reference to distortion or optical illusion in Acts I and II». «There are six major images based on *cristal* and its variants: three which deal with paradoxical states of overwhelming emotional torment, which at first glance seem impossible; and three others which

que, aunque se ve de agua lleno,
no se vacía si no hace
lugar al aire primero.
Y así mi pecho, bien digo,
porque es un cristal mi pecho,
y penado porque, en fin,
nada le falte al concepto,
tan lleno está de desdichas
que cuando decirlas quiero,
no puedo si no es llorando;
y así, salen de él a un tiempo,
en las lágrimas el agua,
y en los suspiros el viento.

Sale Becoquín.

BECOQUÍN ¡Señor, es hora de hallarte!
Hoy que buscándote vengo
con buenas nuevas parece
que te ha sepultado el centro
de la tierra.

FEDERICO A Dios pluguiera,
Becoquín.

BECOQUÍN Pues, ¿qué tenemos?
* Pero no, no me lo digas,
que aunque estés triste, yo tengo
remedio con qué sanarte,
* recipe para este enfermo,
recado de Flor de flores,
en que te dice que luego

deal with the distortion (or lack of distortion) of light, and therefore of one's perception of reality, though they are not images completely unrelated to emotional turmoil». Ver Bigelow, 1975, p. 66-67 y 1981, p. 28, respectivamente. Comp. *Las tres justicias en una*: «DON LOPE: ([*Ap.*] ¿Quién vio confusiones tantas? / Mas disimulemos, celos, / y aunque es la copa penada, apuremos de una vez / todo el veneno que falta.)» (Benabu, 1991, p. 163, vv. 1538-1542).

v. 317 *es hora de hallarte*: expresión equivalente al actual '¡ya era hora!'.

v. 326 recipe: Así en Ms y VT, al contrario de D28, B y M, que recogen «recibe», que no se encuentra ni en el *Diccionario de Autoridades* ni en Covarrubias. *Recipe*: «voz puramente latina, [...] que significa lo mismo que receta de médico» (*Aut*).

bajes a verla, que baja
a los jardines, que abiertos
estarán, donde podrás
hablarla. Mas, ¿cómo oyendo
este recado te estás
tan divertido y suspenso?

FEDERICO ¡Cómo quiere mi fortuna
que hasta el gusto y el contento
vengan a darme la muerte,
que es el indicio más cierto
de morir cuando se hacen
enfermedad los remedios!
¡Vengan postas, Becoquín!

BECOQUÍN ¿Postas?

FEDERICO Sí.

BECOQUÍN Pues, si podemos
irnos a pie, ¿para qué
son las postas o a qué efeto?
Notable eres, cuanto más
* en hallarlas tardaremos
que en irnos allá los dos
pian, pian, que en volviendo
esta esquina hacia esta mano,
luego sobre el tabernero
a esotra, enfrente de un sastre
corcovado, se ven luego
las celosías de Flor,
sus jardines y sus huertos.
¿Postas para andar dos calles?

v. 334 *divertido*: 'distraído'. Una de las acepciones que del verbo «divertir» recoge el *Diccionario de Autoridades* es la que lo define como «apartar, distraer la atención de alguna persona para que no discurra ni piense en aquellas cosas a la que la tenía aplicada o para que no prosiga la obra que traía entre manos».

v. 346 *hallarlas*: corregida la «b» o la primera «l» para cambiar la palabra «hablar» a «hallar» o viceversa. VT opta por «hallarlas» en vez del «hablarlas» que recogen D28, B y M.

v. 348 *pian, pian* (o «pian, piano» como se lee en Ms): «significa poco a poco, a paso lento. Es tomado del italiano "piano", que vale lo mismo» (*Aut*).

FEDERICO
No, sino para ir huyendo
de esa dicha que me busca,
que merecerla no puedo
por no hacerle ese pesar
a mis desdichas, que siendo
favor de Flor, es matarme
saber que es suyo y le pierdo.

BECOQUÍN
Un tanto cuanto parece
enigma, y yo no me atrevo
a declararla, porque
no alcanzo yo los rodeos
de platónicos amores,
que como siempre profeso
el escudérico amor,
el filósofo no entiendo.
Mas, vamos a ver a Flor.

FEDERICO
Eso no, ni yo me atrevo
a verla, que no he de dar
a mis penas esos celos.
Busca postas y partamos,
que yo, Becoquín, te espero
allá en casa.

BECOQUÍN
No creí
nunca que estabas sin seso,
aunque siempre lo dudé,
hasta ahora que te veo

v. 363 *tanto cuanto*: locución adverbial equivalente a la expresión «algún tanto», que significa «algo o un poco» (*DRAE*).

v. 365 *declararla*: el pronombre enclítico alude al término «enigma» que se considera de género gramatical femenino. Como sabemos, muchos nombres apelativos de cosa provenientes de términos neutros griegos acabados en -μα pasaron al castellano a lo largo de los siglos bien a través del latín, bien como cultismos o tecnicismos. Debido a dicha terminación, lo habitual es que adoptaran, como sucedió en latín, el género femenino. Sin embargo, la presión culta, que consideraba el género neutro más cercano al masculino que al femenino por su carácter de indeterminación, adjudicó el género masculino a un buen número de ellos. Por eso, a lo largo del Siglo de Oro no es difícil encontrar indecisión, materializada en alternancia, a la hora de establecer el género gramatical de este tipo de palabras (ver, sin ir más lejos, el verso 2058 en el que el mismo término se emplea en masculino).

decir uno y hacer otro,
como cuando estás diciendo
que vas a casa y no quieres
ir a ver a Flor, te veo
echar hacia ver a Flor
y no hacia casa. ¿Qué es esto?

FEDERICO ¿No has visto un reloj que tiene
en su círculo pequeño
un volante que señala
los escrúpulos del tiempo,
y que aunque el volante quiera
ir otro camino, luego
obedece al artificio
que le manda por de dentro?
Así yo, aunque quiera ir
por otro rumbo, no puedo,
que la acción solo es volante
del artificio del pecho.

v. 387 *reloj*: la extremada precisión y perfección de estos objetos realizados por un reducido grupo de profesionales que eran una mezcla de artesanos, científicos e ingenieros pioneros en gran parte de la tecnología que necesitaban desarrollar para hacer realidad sus creaciones, fue desde muy pronto centro de atención, curiosidad y admiración general. En ellos se indicaban, entre otras cosas, las horas, los minutos, los movimientos y la posición exacta de los planetas, las horas de sol, las horas de la luna y la aparición de los signos del zodiaco. En España, eminente relojero (al servicio de Carlos V y Felipe II), además de ingeniero, fue el italiano Juanelo Turriano. Sus logros más destacados en esta disciplina fueron, en primer lugar, el reloj conocido como el *Planetario milanés* que, realizado para el emperador, tardó en proyectar y construir unos veinticinco años (algunos testimonios de la época, aunque quizás de manera exagerada, indican que tenía 1500 ruedas mientras que otros incluso elevan su número hasta las 1800). Años después diseñaría el reloj conocido como el *Cristalino*, comenzado también en época de Carlos V y dedicado posteriormente a su hijo, de menor tamaño que el anterior (con la dificultad que la miniaturización de estos complejos mecanismos suponía) y con las cubiertas de cristal de roca para que fuera posible contemplar su maquinaria. El propio emperador desarrolló una afición por los relojes que se transformó en obsesión (ver García-Diego, 1982 y 1986, y Greer, 2000, pp. 51-68). El reloj terminó convirtiéndose en un cliché manierista en la literatura del Siglo de Oro. Como claro ejemplo de ello pueden mencionarse las silvas que Quevedo dedicó al reloj de sol, al de arena y al de campanilla. Los textos pueden consultarse en José Manuel Blecua, 1969-1981, vol. I, pp. 270-274.

Y así, es fuerza que obedezca
al alma que vive dentro.

BECOQUÍN La puerta abren del jardín.

FEDERICO Postas prevén, que aquí espero.

BECOQUÍN Por saber para qué son,
las postas iré. Ya vuelvo.

Vase y sale Flor.

FLOR Desde aquellos miradores [décimas]
que hacen, con belleza suma,
al mar un jardín de espuma
y al jardín un mar de flores,
cercado de mil temores
estuvo mi pensamiento
por mirarte tan atento,
que se dejaba engañar
de los bosquejos del mar,
de los celajes del viento.
Si bien, no era mucho error
pensar que viniese ciego
por el viento quien es fuego,
por el mar quien es amor.
Pero, ¿qué es esto, señor?
¿Tú, mirarme con enojos?
¿Tú, lágrimas por despojos?
¿Tú, suspiros y tú agravios?
Haz intérpretes los labios
de las dudas de los ojos.

FEDERICO Flor hermosa, a quien le bebe
el alba el primer candor,
y, para mis ojos, flor
en lo hermoso y en lo breve.

vv. 425-426 *candor*: «la blancura, no entendida simplemente como color, sino la que está unida y tiene en sí resplandor y arroja de sí una como luz» (*Aut*). Por medio de una metáfora de naturaleza hiperbólica, Federico enfatiza la belleza de Flor que, como vemos, se describe de acuerdo a los parámetros petrarquistas, pues la primera luz de la mañana toma su blancura de la de la piel de la dama.

No mi amor suspiros debe
a las quejas y desvelos,
ni a las sombras ni recelos,
que en concursos de rigores
son mis desdichas mayores
que pudieran ser mis celos.
Mira cuál será el dolor
que me ofende y me fatiga,
pues me permite que diga
que es el de celos menor,
porque celos, en rigor,
aunque me dieran la muerte,
no quitarán, ¡dolor fuerte!,
verte, y, como yo te viera,
muriera, pues que muriera
de la enfermedad de verte.
Ya habrás sabido, ¡ay de mí!,
que mi pena y mi dolor
es la ausencia, hermosa Flor,
que ha de apartarme de ti.
Mira si es justo que así
sienta y llore, pues los cielos
juntan todos mis desvelos
debajo de una sentencia,
pues hay celos sin ausencia
y no hay ausencia sin celos.

FLOR Cuando con mis penas lucho,
muerta ni viva me creo;
ni muerta porque te veo,
ni viva porque te escucho.
Mucho es mi dolor y mucho,
Federico, mi tormento,
pues el uno al otro atento,
nadie se quiere rendir,
o es que de puro sentir
me falta ya el sentimiento.
Dime pues, ¿qué causa ha habido
para tanta pena mía?

FEDERICO
Ser tú, Flor, mi dicha y día,
y haberme ya anochecido.

FLOR
Siendo así, forzoso ha sido
que pierda su resplandor,
ausente el día, la flor.
Pero las frases acorta,
¿por qué te vas?

FEDERICO
Porque importa
mi ausencia.

FLOR
¿A quién?

FEDERICO
A mi honor.

FLOR
¿A tu honor? ¡Ay de mí, triste,
que aún esperanzas tenía
* de que así te detendría!
Mas, así como dijiste
que en eso tu honor consiste,
las esperanzas perdí.
¡Vete pues, vete de aquí!
Que si a tu honor importó,
* no he de detenerte yo.

FEDERICO
¿Qué? ¿Ya me despides?

FLOR
Sí.

FEDERICO
* Sin duda ves cuánto hoy
importa la brevedad,
y qué implica a mi lealtad
todo el tiempo que aquí estoy,
porque has de saber que voy
ofendido.

FLOR
No prosigas,
que a mayor pena me obligas;
que si lo que he de saber
ofensa tuya ha de ser,
no quiero que me la digas.
Vete, y no me digas, no,
la causa porqué te vas,
que no quiero saber más

de que a tu honor importó.
Muera honrado y muera yo
ausente, y pues atrevido
vas, que no vuelvas te pido
si es de tu venganza incierto,
porque más te quiero muerto,
Federico, que ofendido.

FEDERICO
Escucha, que sospechosa
no has de quedar, y pudiera
quejarme de ti si fuera
la queja más licenciosa.
Sabe, pues, que la forzosa
ofensa que en mi honor ves,
violencia del Duque es,
no es injuria ni es agravio
de otra mano ni otro labio,
que no viviera después.

FLOR
Toma en albricias la vida,
y advierte bien cuál estoy,
pues las albricias te doy,
Federico, a la partida.

Abrázale.

FEDERICO
¡Ay, gloria tan mal perdida!

Sale Becoquín.

BECOQUÍN
Ya quedan en la posada
postas. Pero, ¿qué jornada
es esta? ¿No me dirás?

**Sale Floro, viejo, y Laura.*

FLORO
Flérida, de quien estás
para esta noche avisada,
viene a verte.

FEDERICO
¡Qué rigor!

FLOR
¡Qué desdicha!

FEDERICO
¡Qué violencia!

FLOR ¡Qué bien, cielos, al ausencia
llamaron muerte de amor!

FEDERICO Sí, pero muerte mayor
será mi pena.

FLOR ¿Por qué?

FEDERICO Porque mayor pena fue
ausentarse que morir.

FLOR ¿Eso un hombre ha de decir?

FEDERICO Sí, pues un hombre le ve.

FLOR ¿De qué suerte?

FEDERICO Escucha, yo
hallo por discursos ciertos
que se hace bien por los muertos
y por los ausentes no.
El muerto honras mereció;
olvido, el que ausente está,
luego yo he probado ya
cuánto aquello a esto prefiere,
pues honran al que se muere
y olvidan al que se va.

FLOR Bien de ti quejarme puedo,
pues que dudas de mi amor.

FEDERICO ¿No ves que te llamas Flor?

FLOR Pues no te dé el nombre miedo.

FEDERICO ¿Por qué?

v. 527 *al ausencia*: «en los siglos XVI y XVII [...] queda *el* como femenino delante de palabras que empiezan por vocal *a* (*el altura, el arena*), sobre todo acentuada (*el agua, el águila*)» (Lapesa, 1981, p. 391 § 95.1). Sin embargo, el hecho de que a lo largo de la obra (vv. 447 y 1050) sea posible encontrar este mismo término como gramaticalmente femenino demuestra que existía una marcada vacilación a la hora de adjudicar el género de estas palabras.

v. 547 *Flor*: la tópica volubilidad femenina queda acentuada en un personaje cuyo nombre es Flor, elemento de la naturaleza de esencia volátil. Son varios los momentos de la obra, siempre en boca de Federico, donde se vinculan los conceptos «mujer» / «flor» / «mutabilidad»: vv. 1593-1594, 1705-1706 y 1727-1730.

FLOR Porque flor, excedo
a la estrella más luciente,
y, siguiendo eternamente
de tu sombra el arrebol,
seré yo la flor del sol
que le está adorando siempre.

FEDERICO Esa flor, y flor gigante,
* la fue por tener amor.

FLOR Si ella es amante y es flor,
yo soy Flor y seré amante.

FEDERICO * ¿Quién lo asegura?

FLOR Bastante
testigo es mi fe, crisol
de lealtad.

FEDERICO No el arrebol
turbes de tus rayos pues,
bella flor del sol.

FLOR ¿No ves
que se me pone mi sol?

vv. 549-554: El subtexto latente en estos versos es el de la historia de la ninfa Clicie (Clitia) que, despreciada por Helios, de quien estaba perdidamente enamorada, terminó convertida en heliotropo pasando su vida siguiendo el movimiento de su amado. Se trata de un motivo al que Calderón recurre en varias de sus obras, como *Los dos amantes del cielo*, *Saber del mal y el bien*, *El escondido y la tapada*, *Cuál es mayor perfección* y *El valle de la zarzuela*. Además, aparece como un personaje, una dama, en *Apolo y Climene*. Comp. *Las tres justicias en una*: «DON LOPE: Sabiendo que os agrada, / haré cuidado el acaso. / Don Guillén, pues... [...] / viene a Aragón desde Italia, / girasol de vuestro amor, / siguiendo las luces claras / de tanto sol, de quien es / humana racional planta» (Besabu, 1991, p. 167, vv. 1652-1654 y 1656-1660). Una búsqueda en TESO arroja, asimismo, alusiones al personaje de Clicie y a su historia en comedias de Lope de Vega, Tirso de Molina, Rojas Zorrilla, Moreto, Matos Fragoso y Diamante.

v. 553 *sol*: Según indica Valbuena Briones (1956, I, pp. LVIII-LXII y 132, nota al v. 279), el sol y la estrella, a través de una larga tradición que Calderón parece recoger de Petrarca, pueden ser considerados símbolos del honor y de la dama como máximo exponente del mismo desde la perspectiva del caballero.

vv. 563-564 *¿No... sol?*: las connotaciones producidas por el referente «flor» sirven, una vez más, para llevar a cabo un juego conceptual con el que enfatizar el sentimiento amoroso existente entre la pareja. En este caso, será la dama quien recurra al significado inmanente de su nombre propio para, a través de una metáfora construida en los versos

* *Vanse los tres (Federico, Flor, y Becoquín).*

FLORO
* Ya solos los dos estamos, [redondillas]
Laura, ya puedes hablar;
acábame de contar
aquel cuento que empezamos.

LAURA
Hoy Clotaldo se ha valido
de mí, y porque yo le dé
entrada esta noche...

FLORO
¿Qué?

LAURA
Mil escudos me ha ofrecido.
* Lo que pretendí de ti
para salir bien de todo
es la consulta del modo.

FLORO
No sé qué me hiciera aquí
a no haber inconvenientes.
¿Cómo no te causa miedo
el cuidado de Manfredo?

LAURA
Nada importa como intentes
ayudarme tú.

FLORO
¿No ves
que para llegar aquí
está antes su cuarto?

LAURA
Sí.

FLORO
¿Y que él cierra siempre? Pues,
¿cómo ha de poder entrar
sin sentirle y sin tener
llave?

LAURA
Lo que yo he de hacer
menos nos ha de costar,

549-554, expresar las consecuencias que la ausencia de su amado tendrá en ella a través de una comparación con el proceso de marchitamiento que sufre una flor ante la carencia de luz solar.

v. 572 *Mil escudos me ha ofrecido*: nótese la exagerada cantidad de dinero que ha prometido Clotaldo a la criada para conseguir su propósito, muestra inequívoca del interés que tiene en ello.

porque él solamente quiere
que, movida a su pasión,
ate una escala al balcón,
que él a subir se prefiere
por ella, y a entrar de modo
que sin que nos cause miedo
el cuidado de Manfredo
puede asegurarse todo.

FLORO
Pues, si tú, Laura, sin mí
* tan dispuesto lo tenías,
¿para qué de mí te fías?

LAURA
Para valerme de ti,
pues sabes que soy amiga,
y a Flor diviertas un rato
mientras yo la escala ato.

FLORO
Mira, no sé qué te diga,
pero cansarse es error,
que estás ya determinada
y no ha de servir de nada.

LAURA
Ya vuelven Flérida y Flor.

** Vanse. Salen Flor y Flérida con manto.*

FLÉRIDA
Mejor aquí estaremos [silvas]
que en el estrado, pues gozar podremos
desde este mirador tanta belleza,
objeto singular de mi tristeza.

FLOR
Enjuga el tierno llanto,
y no malogres, no, diluvio tanto,
Flérida, que no es hora
que desperdicie lágrimas la aurora

v. 608a *manto*: «cierta especie de velo o cobertura, que se hace regularmente de seda, con que las mujeres se cubren para salir de casa, el cual baja desde la cabeza hasta la cintura, donde se ata con una cinta, y desde allí queda pendiente por la parte de atrás una tira ancha, que llega a igualar con el ruedo de la basquiña, y se llama colilla. Dásele diferentes nombres, según la diferencia de telas de que se fabrican» (*Aut*).

v. 616 *aurora*: disemia. No solo debe entenderse en su sentido recto, sino también en el figurado de «hermosura del rostro, y por extensión, el rostro sonrosado» (*DRAE*).

cuando con lento paso
entra el sol en las líneas del ocaso,
si ya no quiere hacerle tu porfía
un planeta mozárabe del día.

FLÉRIDA
Cuando aurora presuma
parecer, no será arrogancia suma,
donde flor tan hermosa
mis lágrimas enjuga generosa.

FLOR
Serénese tu cielo,
y prosigue si así tienes consuelo.

FLÉRIDA
La causa pues, amiga,
que a tal extremo, a tal pasión me obliga,
son los necios recelos
que he causado en Enrique con los celos
que le di por vengarme
de un pesar, y resuelto ya a olvidarme
disculpas no han bastado,
ni mil satisfacciones que le he dado.
Yo, que firme le amo,
★ viendo que no ha de ir si yo le llamo
a mi casa, he querido
hablalle hoy en la tuya, y he fingido
de tu parte un recado:
que venga aquí.

La aurora, como ya mencionamos anteriormente que sucedía con el sol y la estrella, es un símbolo a través del que se representa el honor y también la dama como principal poseedora del mismo.

v. 620 *planeta mozárabe*: los conceptos astronómicos se emplean, una vez más, con fines hiperbólicos, ya que, en esta ocasión, sirven para destacar la hermosura y «esplendor» de Flérida. El sujeto que se utiliza como referencia comparativa vuelve a ser el sol. Por ello, el adjetivo «mozárabe» debe entenderse como un sinónimo de los términos «intruso», «extraño», «ajeno», etc., en correspondencia a lo que fueron los cristianos que, conservando su lengua y tradiciones, permanecieron en territorio bajo dominio musulmán (de hecho, era frecuente que estos, para referirse a aquellos, emplearan los términos *acham* o *achemíes* que significaban «bárbaros» o «extranjeros»). De este modo, y a través de una metáfora pura, la imagen que transmitirían estos versos sería la del ocaso que, al llegar, se sentiría como un elemento extraño y disonante dentro de un día cuya luminosidad se vería prolongada irremediablemente por las lágrimas de Flérida.

FLOR
No más, porque has andado
muy atrevida, Flérida, y muy necia.
¿Así mi casa y mi amistad se precia?
¿Recado de mi parte
y luego que a mi casa venga a hablarte?
¿Quién te ha dicho, (¡qué errores!),
que aquesta casa es lonja de amadores,
y que suelen en ella
de amor tratar y contratar?

FLÉRIDA
Flor bella,
no tan liviana fuera
contigo, ¡ay infeliz!, si no tuviera
prenda que me obligara
a salir mis desdichas a la cara.
* Basta decir que si mi honor me obliga,
¿de quién me he de fiar si de una amiga
como tú no me valgo?

FLOR
A la inmediata de esa duda salgo.
De nadie y, con respeto
digno a tu honor, murieras con secreto,
que las damas, de amores
aun callan sus desdenes y favores.

v. 642 *precia*: 'aprecia'.

v. 645 Ms incluye aquí cuatro versos, añadidos en el margen por Martínez de Mora, que no aparecen en ninguna de las otras versiones: «porque aberte atrebido / a traer tu galán sin aber sido / con mi liçençia, biendo que esto pasa, / da a entender que es costumbre de mi casa / y que suelen en ella». Este añadido obligaría a modificar el enunciado de este pasaje, siendo necesario cerrar en el v. 646 la pregunta que se inicia un verso antes. Si aceptamos esta premisa, estos cuatro versos se declamarían de un modo enunciativo junto con el 647 y la primera parte del 648.

v. 646 *lonja:* «el sitio público donde suelen juntarse los mercaderes y comerciantes para tratar de sus tratos y comercios» (*Aut*).

v. 649 *liviana*: 'imprudente', 'insensata'. «[...] incontinente, deshonesta» (*Aut*).

v. 652 *salir... cara*: sobre la creencia que considera el rostro como un escaparate en el que se exponen los sentimientos del individuo, recuérdese lo dicho en la nota al v. 278 y ver lo que se dirá en los vv. 771-773.

v. 656 *salir*: más que con la acepción de la popular expresión «salir de dudas», el verbo «salir» debe entenderse en este contexto con el significado de «[...] acabar alguna cosa que daba cuidado y darle fin [...]» (*Aut*).

Y cuando a tu respeto no atendieras,
que tengo padre yo advertir pudieras,
y que no puede aquí tan libremente
entrar Enrique.

FLÉRIDA
Si el inconveniente
al principio se viera,
no fuera ciego amor, que lince fuera.

Sale Enrique.

ENRIQUE
Flor hermosa, a quien ama
el corazón, es, cielos, quien me llama.
Sin duda que ha sabido
aquel disgusto que hoy hemos tenido
su padre y yo, y procura
que haga las amistades su hermosura.

FLOR
Él viene.

FLÉRIDA
Ya comienza
a hacer en mí su efecto la vergüenza.

FLOR
¡Sacad luces!

⋆*Sacan luces Floro y Laura.*

ENRIQUE
¿Decislo porque ciego,
hermosa Flor, a tanta esfera llego?
Si bien, de esta osadía,
⋆ disculpa es el ser vuestra más que mía.

FLOR
Señor Enrique, aunque ha sido [redondillas]
de mi parte aquel recado,
de mí habéis sido llamado

v. 666 *lince*: era creencia popular que el lince era capaz de ver a través de los cuerpos opacos. De ahí se origina la consideración de su proverbial capacidad visual que desde muy antiguo pasó a recogerse en los Bestiarios.

v. 675 *ciego*: «metafóricamente se llama a quien obra sin la debida reflexión y conocimiento práctico de las cosas» (*Aut*). En este caso, como ya ha apuntado Flérida en el v. 666, debido al enajenamiento amoroso.

v. 676 *esfera*: en esta ocasión, habría que entender el término, una vez más, con el sentido metafórico de «[...] calidad, estado y condición» (*Aut*).

vv. 681-682 *llamado... escogido*: versos de evidente resonancia bíblica, pues evocan el pasaje de *Mateo* (22, 2-14) en el que, por medio de la parábola de los invitados que

y de Flérida escogido.
Ella es quien aguarda aquí,
porque trata su valor
tan noblemente a su honor,
que se ha valido de mí
para que testigo sea
de su ingenio singular.
Que quiere enseñarme a amar
y que en su prudencia vea
la cordura y discreción
con que debe una mujer
tan principal proceder.
Esta es sola la ocasión
con que Flérida os llamó,
porque vos tengáis en ella
un cómplice como ella
y un testigo como yo.

ENRIQUE
Si esta es escuela de amar,
mejor fuera si, por Dios,
que ella aprendiese de vos
lo que ha venido a enseñar.
Porque con vuestras liciones,
Flérida hermosa supiera,

han de acudir al convite de una boda, muestra que el número de los que alcanzarán el Reino de los Cielos será mucho menor que el de aquellos que reciben la llamada divina. El pasaje en cuestión termina con la famosa sentencia «Porque muchos son llamados, mas pocos escogidos» (*Mateo*, 22, 14). El enunciado tuvo tanta fama que se convirtió en una suerte de refrán repetido en numerosos textos literarios, como por ejemplo, en la *Segunda Celestina*, de Feliciano de Silva (1534), la *Segunda parte de Guzmán de Alfarache*, de Mateo Alemán (1604) o *La vida del escudero Marcos de Obregón*, de Vicente Espinel (1618) (Ver el Refranero multilingüe del CVC). El propio Calderón recurrió a la expresión en alguna otra de sus comedias. Comp. *El astrólogo fingido*: «[...] aquel pobre caballero / don Juan de Medrano, aquel / que apenas te daba celos, / aquel que dijo que a Flandes / iba, se quedó encubierto / en la corte y en la casa / de don Carlos de Toledo. / Es llamado y escogido» (vv. 754-761); *El castillo de Lindabridis*: «Todos por vos han venido / en alas de sus cuidados; / muchos fueron los llamados, / dichoso del escogido» (vv. 2281-2284). Además, la usó para titular uno de sus autos sacramentales: *Llamados y escogidos*.

v. 703 *liciones*: 'lecciones'. La deformación de grupos consonánticos cultos era habitual en la época.

señora, de qué manera
mujeres de obligaciones
han de tratar sus desvelos.

FLÉRIDA El haber aquí venido,
para hablarme en esto ha sido,
y satisfacer los celos
que de mí, Enrique, tenéis.

ENRIQUE Y, ¿satisfacción habrá
si estoy persuadido ya
al agravio que me hacéis?

FLÉRIDA ¿Persuadido?

LAURA Señor viene,
señora.

FLOR ¡Triste de mí!

ENRIQUE Ya el verme Manfredo aquí
ninguna disculpa tiene.

FLOR Esperad, que no vendrá
a casa ahora de espacio,
que luego se va a palacio,
y luego al punto se irá.
Mejor es que no le vea.

FLÉRIDA También me conviene a mí
que no le vea, Flor, aquí.

FLOR Sagrado esa cuadra sea.

v. 707 *obligaciones*: «usado en plural se toma por las prendas y estimación que debe conservar el hombre honrado para ser estimado y respetado, y así se dice "faltó a sus obligaciones", "es hombre de obligaciones"» (*Aut*).

v. 720 *de espacio*: todos los primeros testimonios tienen «despacio», pero hemos adoptado la lectura de varias sueltas («de espacio»), indicando suspensión, lentitud, el contrario de «de prisa». Flor sugiere que Manfredo se quedará poco en casa antes de irse para palacio, dándoles la oportunidad de sacar a Enrique.

v. 722 *luego*: resulta llamativo que, en dos versos seguidos, Calderón repita el adverbio «luego». VT enmienda en «al punto Enrique se irá». *Al punto*: «Modo adverbial que vale prontamente, sin la menor dilación» (*Aut*).

v. 726 *cuadra*: «la pieza en la casa que está más adentro de la sala, y por la forma que tiene, de ordinario cuadrada, se llamó cuadra» (Cov.).

Escóndese y sale Manfredo.

MANFREDO ¡Oh, privanzas de los hombres, [romance á-a]
siempre caducas privanzas!
¡Valedme, cielos!

FLOR Señor,
¿qué es esto?

MANFREDO ¡Oh, Flor! ¿Aquí estabas?

FLOR Y confusa de escucharte.

MANFREDO ¿Quién es la que te acompaña?

FLOR Flérida, señor, mi amiga.

FLÉRIDA Mejor dijeras tu esclava.

MANFREDO Perdonad no haberos visto,
señora, que como entraba
divertido en mi tristeza,
no os vi.

FLÉRIDA De que en vos la haya,
el pésame quiero darme.
¡Muerta estoy!

FLOR Y yo sin alma.

LAURA Aquí, señora, os espera
la gente de vuestra casa.

FLÉRIDA Fuerza es irme, amiga mía.
Perdóname (¡estoy turbada!)
el cuidado que te dejo.
Procura que Enrique salga,
y adiós.

FLOR En buena ocasión
me has puesto. ¿Y cuando empeñada
me dejas, te vas?

v. 727 *privanza*: «el favor, valimiento y trato familiar que el inferior tiene con el príncipe o superior» (*Aut*).

v. 734 *esclava*: en sentido figurado, «rendida, obediente [...]» (*DRAE*).

v. 737 *divertido*: ver lo ya dicho sobre esta palabra en la nota al verso 334.

FLÉRIDA
Es fuerza.
No salgáis de aquesta sala.

MANFREDO
Hasta tomar la carroza
os he de ir sirviendo.

FLÉRIDA
En nada
* os replico. (Yo perdí
una ocasión que esperaba
de satisfacer a Enrique.)

Vanse.

FLOR
(¿Qué es esto que por mí pasa?
¿Quién en el mundo se ha visto,
sin haber dado la causa,
en tan necio empeño?)

LAURA
(Agora
que entran sus recelos y ansias,
es la mejor ocasión
para ir a poner la escala.)
Cuidado Floro.

FLORO
Ya entiendo.

Vase.

FLOR
Mira, supuesto que baja
acompañando mi padre
a Flérida, si de casa
sale.

FLORO
No, que antes, señora,
vuelve a subir.

**Sale Manfredo.*

MANFREDO
¡Oh, esperanzas,
qué neciamente os fundáis
en las acciones humanas!

FLOR
(Bien su dolor y su pena,
en el papel de la cara,

escribe con sangre el pecho.
Quiero atreverme a apurarlas.)
Señor, ¿tú triste? ¿Qué es esto?
¿Tú sobre las blancas canas
lágrimas y tú suspiros?
¿Qué tienes?

MANFREDO ¡Ay, Flor! No es nada,
acá son cosas del Duque.

FLOR (De aquesta vez se declara,
pues cosas del Duque dice
que son las que más le agravian.
Y es Enrique su sobrino
y está dentro de su casa.
Acabemos de una vez
y no muramos de tantas.)
¿No merezco yo tener,
para ayudarte a llevarlas,
parte en tus penas?

MANFREDO Y aun todo,
pues tú, Flor, eres la causa
por quien las siento, que en fin
yo me moriré mañana
y heredarás mis desdichas.

FLOR (Con muchos sentidos habla.)

vv. 771-773 *Bien… el pecho*: se trata de una variante del conocido aforismo que considera el rostro como un espejo del alma, es decir, como lugar donde se refleja de manera fehaciente el mundo interior del individuo. En este mismo sentido, Correas recoge las expresiones «tráelo escrito en la frente» (en la que, como aclaración, añade: «entiéndese lo bueno y lo malo de las obras, según entiende el vulgo, que por la cara juzgan los hechos») y «el bien y el mal a la cara sal» (refrán sobre el que el *Diccionario de Autoridades* explica que «[...] da a entender se conocen casi siempre en el semblante los afectos que padece el alma, sean de alegría o de tristeza»).

v. 774 *apurar*: «metafóricamente es averiguar y llegar a saber de raíz y con fundamento alguna cosa» (*Aut*). En este caso, las penas que se infieren de los gestos de Manfredo.

v. 786 *de tantas*: habría que suponer la elipsis de un término como «penas», «tribulaciones», «desgracias», etc.

v. 794 *sentido*: «lo que incluye o explica algún sentimiento» (*Aut*). En este contexto debe entenderse como un sinónimo de «sentimiento».

MANFREDO Enrique...

FLOR (No hay que esperar,
ya de esta vez se declara.
Pues ganemos por la mano.)
Enrique, señor, aguarda,
vino hoy.

MANFREDO Si sabes que vino,
sabrás que trujo una carta
en que de un traidor le avisan
al Duque... esto es cosa larga.
Él, sobre aquesto, mandó
a Federico que salga
luego de su corte; a mí
que me estuviese en mi casa.
Será sepulcro de un vivo
la esfera de aquesta sala.
Esto me ha pasado, en fin,
déjame tú. Floro, Laura,
llevad luz a mi aposento,
que es piedad que luces haya
donde está un cadáver vivo
sepultado en propria infamia.

Vase.

FLOR Pasé de un pesar a otro,
pasé de un ansia a otra ansia,
que no tienen más salida
laberintos de desgracias.
En un día, Federico
se ausenta, a mi padre agravia
el Duque, Flérida pierde

v. 808 *esfera*: continuando con el juego basado en la polisemia del término, en esta ocasión Calderón lo estaría empleando para referirse al espacio geométrico de dicha sala (es decir, al techo en forma abovedada que le serviría de cubierta). Esta suerte de acotación explícita, unida a las otras informaciones que nos ha ido proporcionando en este sentido (en repetidas ocasiones —véanse los vv. 330, 354, 401 y 408— se mencionan los jardines y huertos que forman parte de la casa), nos ayuda a concebir el tipo y calidad del hogar de Manfredo.

a mi decoro y mi fama
el respeto, Enrique está
cerrado en mi misma cuadra.
¡Oh, qué de cosas, fortuna,
se eslabonan y se enlazan,
todas posibles y todas
en mi agravio conjuradas!

Sale Laura.

LAURA
Ya tu padre en su aposento
queda, y a todos nos manda
que ninguno le entre a ver.
Todas las puertas cerradas,
como tiene de costumbre,
dejó.

FLOR
¡Los cielos me valgan!
¿Qué hemos de hacer de este hombre
* encerrado, Floro? ¿Laura?

Sale Enrique.

ENRIQUE
Porque oí que vuestro padre
recogido, Flor, estaba,
pude atreverme a salir
a quitaros dudas tantas.
No temáis, pues, que conmigo
segura está vuestra fama,
porque os adora, señora,
con tanto respeto el alma,
que solo a morir se atreve.

FLOR
(¡Esto solo me faltaba,
que Enrique me diga amores
porque en la ocasión se halla!)
Señor Enrique, por Dios,
que no la ocasión os haga
andar tan galán conmigo,

v. 828: Ms incluye aquí dos versos, añadidos al margen por Martínez de Mora, que no aparecen en los otros testimonios: «y esto, sin tomar en cuenta / las que temo que me faltan».

que ya sé que es cortesana
obligación de un señor
festejar a cualquier dama
con quien está, aunque las voces
del corazón no le salgan.
Yo estoy, como vos sabéis,
de mil temores cercada.
Soy quien soy y vos, señor,
sois Enrique, sangre de Austria;
Flérida es amiga mía,
y cuando no hubiera nada
de esto, sino solo que ella
fue quien os trujo a mi casa,
no os hiciera yo un favor
faltando a esta confianza.

vv. 852-854 *cortesana obligación*: el galanteo fue uno de los pasatiempos favoritos en la corte de Felipe IV, quien lo practicó y fomentó personalmente, y el verbo «servir» se convierte en una palabra esencial en el léxico amoroso de la comedia del Siglo de Oro. Este juego palaciego (cuya naturaleza queda evidenciada por las subsiguientes palabras de Flor) no implicaba, necesariamente, la soltería de los participantes, ya que, como nos refiere Carmen Martín Gaite (1972, p. 13), citando la obra de Ernest Martineche titulada *La comedia española en Francia* (París, 1900), «[...] en la corte de Felipe IV era costumbre muy extendida que las damas de honor de la reina, aun casadas, pudieran aceptar homenajes de caballeros principales, quienes, para galantearlas, tenían que pedirles "lugar", y, si ellas se lo concedían, les daban derecho a considerarse "embebecidos", es decir, tan absortos de entonces en adelante a la vista de la dama en cuestión que incluso estaban excusados de descubrirse en las ceremonias públicas delante de la reina. Estos mismos caballeros, durante los viajes de la corte a Aranjuez, se disfrazaban a veces de lacayos para seguir a la dama de su elección y darle noticia de aquella continuada reverencia. Y llegó a darse con cierta frecuencia el caso de que algunos de ellos eligiesen y nombrasen como "devotas" suyas a monjas jóvenes que habían sido en el siglo damas de condición. Este hecho de poner los ojos en mujeres recluidas y de acceso imposible parecía querer garantizar que a aquellos caballeros les bastaba con enterar a la amada de que se había hecho acreedora a sus desvelos, aun sin exigir nada a cambio». El galanteo, por tanto, seguía unas normas que lo encuadraban dentro de la etiqueta cortesana de la época. El uso y abuso de este pasatiempo fue tal que se intentó prohibir mediante una pragmática promulgada en 1638 en la que se estipulaban graves castigos para todos aquellos que la siguiesen practicando o continuasen usando los disfraces que para dicho fin se empleaban. Para más información al respecto, remitimos al apartado que le dedica José Deleito y Piñuela, 1955, pp. 153-156.

ENRIQUE
No os agraviéis a vos misma
tanto que penséis que haga
la ocasión hoy lo que antes
hizo vuestro ingenio y gracia.

FLOR
Pues, haced una fineza
por mí.

ENRIQUE
De ello os doy palabra
si es perder una y mil vidas.

FLOR
Pues idos; yo daré traza
que salgáis sin que mi padre
os sienta, que esta ventana
no tiene reja, y haciendo
de las colchas de mi cama
* escala, podéis bajar.

ENRIQUE
Quien va a serviros, en nada
ha de reparar. Por ella
me arrojaré sin que haya
* más prevención. Mas, ¿qué es esto?

Al abrir entra Clotaldo rebozado.

FLOR
¡Jesús mil veces!

CLOTALDO
En mala
ocasión llegué.

FLOR
¿Quién eres?
¿Hombre, ilusión o fantasma?
¿Forma con cuerpo y sin voz?
¿Horror con vida y sin alma?
¿Por dónde has entrado aquí?
¿Qué es lo que escondido aguardas?
¿Quién eres? ¡Rompa tu voz
mis dudas! ¿Qué quieres?

CLOTALDO
Nada,
que harto llevo en lo que he visto.

v. 886 *ilusión*: «falsa o engañosa aparición, como las que suele hacer el demonio transformado en ángel de luz o de otro modo» (*Aut*).

FLOR
Pues no has de volver. ¡Aguarda!
Ni para haberte atrevido
a las rejas de esta casa
lleváis disculpa en el hombre
que aquí rebozado hallas,
ni tú para presumir
que es mi soberbia villana
tengas apoyo en aquél
que así esta clausura infama.
Pues, para satisfacer
dos razones tan fundadas,
dos culpas tan evidentes,
dos presunciones tan claras,
tengo una disculpa noble,
tengo una respuesta honrada,
y, al fin, una verdad sola,
que si es verdad, una basta.
Pues, con pensar cada uno
lo que en sí mismo le pasa,
hallará que pudo el otro,
sin habelle dado causa,
estar aquí, con lo cual,
si son vuestras dudas varias,
con una certeza sola
habré respondido a entrambas.
Idos los dos, porque llena
de confusiones el alma
tengo un puñal en el pecho
y un áspid en la garganta.

ENRIQUE
En yéndose aquese hidalgo
me iré, porque si yo estaba
aquí, no es justo que yo,
porque otro viene, me vaya.

CLOTALDO
En quedando sola vos
me iré, que el que entró con tanta
resolución, no es razón
que casi huyendo se vaya.

ENRIQUE ★ Por esa ventana entrastes,
volved por esa ventana
o yo haré que os vais.

CLOTALDO ¿Qué espera
quien a vista de una dama
habla así, sino que yo
ejecute lo que habla?

ENRIQUE Para hacer lo que yo digo,
traigo por lengua la espada.

FLOR ¡Detente, señor, espera!

Detiénele Flor, asiéndole, y quítale la daga, y el otro le mata.

ENRIQUE ¡Suelta, Flor!

LAURA ¡Esa luz mata!

Mátala y vanse.

ENRIQUE Muerto soy.

CLOTALDO (Aquella es voz
de Enrique. Mis pies me valgan,
pues que no me han conocido
y he topado la ventana.)

Vase.

FLOR ¡Ay, infelice de mí!

Sale Manfredo con luz y espada.

MANFREDO ¡Flor! ¿Pues qué ruido anda
en tu cuarto?

FLOR (¡Muerta estoy!)

v. 933 *vais*: con valor de presente de subjuntivo. En el Siglo de Oro «el subjuntivo del verbo *ir* podría ser *vayamos*, *vayáis*, o *vamos*, *vais* (< va (d) amus, va (d) a tis) [...] nótese que todavía usamos en el mandato o la exhortación la forma *vamos*» (Lapesa, 1981, p. 395 § 96.3).

v. 938 *espada*: como era habitual en los caballeros en la época, Enrique llega al aposento de Flor armado con una espada (que ha desenvainado) y una daga que también trae a la cintura (vv. 974-975) y que le arrebata la dama.

MANFREDO ¿Tú, sin luz? ¿Tú, las ventanas
de tu aposento a estas horas
abiertas? ¿Tú, levantada
y sola? ¿Tú, ay de mí, triste,
con una desnuda daga
en tu mano y un sangriento
cadáver a tus pies? ¡Rara
admiración y prodigio
extraño! ¿Qué es esto? ¡Habla!

FLOR (Si me ha dejado la voz
el suceso, ella me valga.)
Señor, estando (¡estoy muerta!)
hablando (¡soy desgraciada!)
con mis damas (¡oh, infelice!),
me quedé (¡desdicha extraña!)
durmiendo sobre esta silla,
cuando de aquesta ventana
(¡qué asombro!) me despertó
el ruido. Vi (¡qué desgracia!)
entrar un hombre por ella.
¡El temor me tiene heladas
las razones en el pecho!
Este (¡ay, cielos!), la luz mata
lo primero, y luego llega
a mí, donde (¡ay, Dios!) aguarda
triunfar de tu honor y el mío.
Yo, quitándole la daga
de la cinta, en mi defensa
le di muerte. Esta es la causa
de verme vestida y sola,
abiertas estas ventanas,
este puñal en mi mano
y este difunto a mis plantas.

MANFREDO ¿Cómo, muriendo a tus manos,
tiene desnuda la espada?

FLOR Con las ansias de la muerte,
debió entonces de sacalla.

MANFREDO
Veneno me dan a un tiempo
tus obras y tus palabras,
pues, si te escucho y le veo,
hallo que es Enrique (¡extraña
desdicha!) el hombre infeliz
que has muerto. Quien entre cuantas
sombras previno el discurso,
sombras halló imaginadas.
El día que (¿hay más pesares?)
con atrevidas palabras
me ofende Enrique y el Duque
me destierra de su gracia,
* hallo a Enrique, su sobrino,
muerto dentro de mi casa.
¿Quién creerá que fue mi hija
quien le dio muerte y la causa?
Ninguno, porque también
hay verdades desgraciadas.
¿Quién no ha de creer que ha sido
esta traición y venganza?
Si lo descubro, me pongo
yo el cuchillo a la garganta;
si lo oculto, hago también
cautelosa mi ignorancia.
De aquí lo quiero sacar
y a las puertas de otra casa
ponelle. Pero si el Duque,
que con tanta vigilancia
ronda la ciudad de noche,
con él en hombros me halla,
¿qué desengaño me queda?
* Sea, pues, con más extraña
industria y con más recato

v. 992 *sombras*: dilogía. En el verso 991 se debe entender el sustantivo con el significado de 'pretextos', 'simulaciones', 'evasivas'. Sin embargo, en el verso 992 debe entenderse como 'fatalidades', 'infortunios', 'mala suerte' (con esta misma acepción ya se empleó en el verso 431). Manfredo muestra de esta manera su desconfianza ante las palabras de su hija, ya que estas no concuerdan con los indicios que él tiene ante sí.

el sacalle de mi casa.
Ven acá, Flor. Dime, ¿ha visto
alguna gente de casa
esta desdicha?

FLOR
Yo sola
la sé, porque las criadas
huyeron de aquí y ninguna
le vio.

MANFREDO
Pues, Flor, mira y calla,
que vida y honor nos va.

FLOR
Aunque quisiera, no hablara,
porque el temor en el pecho
me ha embargado las palabras.

JORNADA SEGUNDA

Salen Federico y Becoquín de camino.

FEDERICO
Al abrigo de estos montes, [romance é-a]
y a la sombra de estas peñas,
que sin ser conchas de nácar
parecen madres de perlas,
te he estado esperando y ya,
apurada la paciencia,
quise mil veces partirme
pensando que no vinieras.

BECOQUÍN
Bien mi cuidado agradeces,
bien estimas mis finezas
con esa desconfianza.

FEDERICO
¿Qué hay de nuevo?

BECOQUÍN
Malas nuevas.

FEDERICO
Pues mucho es haber tardado
si caminabas con ellas;
mas prosigue, no dilates
el decirlas, considera

v. 1032 *madres de perlas*: 'madreperlas'. Se trata del molusco de forma circular en cuyo interior se crían las perlas. Es muy común que el término sea utilizado para referirse al nácar que forma la capa interna de su concha. Es precisamente esta sinécdoque de la que se sirve Calderón, por boca de Federico, para describir poéticamente el peñascoso paisaje en el que se encuentra. Para ello, establece una comparación entre las rocas que le rodean y las escabrosas valvas (de color pardo oscuro o terroso) de dichos moluscos.

que es otra desdicha más
la desdicha que se piensa.

BECOQUÍN
Ayer, sin decir la causa,
mandaste que previniera
con grande priesa dos postas
antes que la breve ausencia
del sol, mayorazgo, en fin,
de luz, a la luna tersa,
como a su menor hermana,
diese alimentos de estrellas.
Despedístete de Flor,
flor en nombre y en belleza,
y flor en facilidad
y inconstancia, pues apenas
nace el alba intacta y noble,
niña al sol cándida y bella,
crece al día hermosa y pura,
cuando al mirar que se ausenta,
seca y marchita se abrasa,
fácil y mustia se entrega,
descaída la hermosura,
profanada la belleza
y la beldad desmayada,
por no decirte que muerta...

FEDERICO
¡Espera! ¡Detente! ¡Aguarda!
¡No prosigas, no! No ofendas
el más constante accidente,
que no es posible que sea
Flor como todas las flores,
que peligran en sí mesmas.

v. 1057 *facilidad*: «inconstancia, ligereza y poca resistencia para ejecutar lo que no es bueno» (*Aut*).

v. 1071 *el más constante accidente*: 'el amor'. Precisamente, una de las acepciones de la palabra «accidente» que recoge el *DRAE* es la de «pasión o movimiento del ánimo».

v. 1074 *peligran en sí mesmas*: una vez más, se emplea la disemia para equiparar las características propias de la realidad «flor» con los rasgos de personalidad de la protagonista de la obra. En el primer caso, el verbo «peligrar» debe entenderse como «estar en riesgo o contingencia de perder la vida [...]» (*Aut*). No olvidemos que ese riesgo es

Pero sí será. Prosigue:
trujiste las postas, ¡ea!,
aquí quedaste y, porque
menos que decirme tengas,
mal vestido de camino
yo me puse en una de ellas.
Tú quedaste para hacer
hoy no sé qué diligencias.
★ Dije, en fin, que te esperaba.

BECOQUÍN Atento yo a tu obediencia
y a mi cuidado, traté
del dinero y en dos letras...

FEDERICO Eso es lo que ya no importa.
Vamos a Flor.

BECOQUÍN Esto es fuerza
decir, porque cuando yo
acabé esta diligencia
se había ya de la noche
pasado más de la media.

FEDERICO ¡Qué nos importa la hora!
¿Es matemática esta?
Ve al caso.

BECOQUÍN A estas horas quise
ver a Flor por si quisiera
escribirte. Entré en la calle.

FEDERICO ¿Mas qué? ¿Hallaste gente en ella?

BECOQUÍN Es verdad.

FEDERICO ¿Cuándo mintieron
celos? Mas, ¿que por las rejas
★ a donde yo hablaba, hablaban?

BECOQUÍN No hablaban.

inherente a la propia idiosincrasia de la flor, ya que necesita la luz solar para llevar a cabo sus procesos vitales. En el segundo, el significado sería el de «estar en riesgo de caer en algún perjuicio o de padecer algún daño espiritual o moral» (*Aut*).

vv. 1099-1100 *¿Cuándo mintieron celos?*: la opinión de que el padecimiento causado por celos es un signo inequívoco de que hay un fundamento para los mismos queda

FEDERICO
Pues, ¿qué recelas
el decírmelo? ¿Qué importa
que estén en la calle?

BECOQUÍN
Espera.
En viendo la gente, yo
en el umbral de una puerta
me detuve.

FEDERICO
Hiciste bien.

BECOQUÍN
De allí a poco rato llega
uno de los que esperaban,
y por una escala trepa
que, aunque no la vi, de arriba
es cierto que estaba puesta.

FEDERICO
¡Mientes, villano! ¡No digas
tal, ni injuries con vil lengua
el honor de Flor hermosa!

BECOQUÍN
¿Cómo es posible que mienta
si yo que lo vi lo digo?

FEDERICO
Pues, cállalo aunque lo veas,
porque estimo yo de Flor
tanto el honor y las prendas,
que, aunque ella me ofenda a mí,
mataré yo a quien la ofenda.

BECOQUÍN
Pues, no hablaré más palabra.

FEDERICO
¡Ay de mí! ¡Dadme paciencia,
cielos, o dadme la muerte!
Ven acá.

BECOQUÍN
Hablaré por señas.

FEDERICO
Solo esto quiero que digas:
¿por qué, si viste a las rejas
subir un hombre, no hiciste
con valor y con prudencia

perfectamente sintetizada en el refrán: «Quien tiene celos, ya es cornudo antes de serlo» (Martínez Kleiser).

alguna acción que estorbara
su intento?

BECOQUÍN La causa es esta:
porque cuando llegar quise
a ellos, advertí que era,
alborotando la calle,
infamar honor y prendas
de Flor, y si lo sabías
tú, que tanto su honor precias,
me habías de dar la muerte,
porque al fin es cosa cierta
que, aunque Flor te ofenda a ti,
matarás tú a quien la ofenda,
y, así, me estuve quedito.

FEDERICO Como tuya es la respuesta,
cobarde al fin.

BECOQUÍN Nunca yo
te dije, señor, que era
valiente.

FEDERICO Determinarse
uno a no saber sus penas
dicen que es valor, y miente
quien lo dice, pues confiesa
que las temió quien no tuvo
ánimo para saberlas.
* Dime pues, ya que estuviste
en la calle, ¡qué tristeza!,
si le abrieron la ventana.

BECOQUÍN No, porque ya estaba abierta.

FEDERICO Luego, ¿entró dentro del cuarto?

BECOQUÍN Concedo la consecuencia,
y, porque no nos andemos
en demandas y respuestas,
dentro estuvo poco rato

v. 1143 *me estuve quedito*: adviértase la ironía con la que Becoquín intenta encubrir su cobardía.

y, al cabo de él, por la mesma
escala volvió a bajar
donde los otros le esperan.
Y dijo a todos, pasando
junto a mí: «Demos la vuelta,
que importa que no nos sigan
y conozcan porque queda
hecho». Y lo demás no oí,
que él iba con tanta priesa
que, aunque dijo otra razón,
se bebió el aire la media.
* Fui a la mañana a su calle,
y vi que estaba a las puertas
de Flor unos carros largos
y que iban a toda priesa
cargándoles de la ropa
que por las ventanas echan
hombres del trabajo, así
se llaman en nuestra lengua
los ganapanes. Yo entonces,
viendo la casa revuelta,
llegué hasta que pude ver
a Flor, de cuya tristeza
sus lágrimas me informaron.
Dijo que iban a la aldea,
que escarmientos de la corte
le sacaba huyendo de ella.
«Díselo así a Federico.
Que no me olvide. Que crea
que Torreblanca será
sepulcro mío en su ausencia».
Esto dijo y volvió al llanto
desmintiendo mi sospecha,
porque no es, señor, posible
que aquellas perlas fingiera,

v. 1174 *estaba*: nótese la falta de concordancia debida a las necesidades métricas del verso. Lo mismo sucede poco después en el 1188.

v. 1177 *cargándoles*: respetamos el leísmo.

que, en desprecio del aurora,
fuera desaire que fueran
para ser testigos falsos,
siendo finas, tantas perlas.
Salí de allí y, por no dar
con el Duque, que a estas selvas
esta mañana salió
a caza, rodeé dos leguas
de monte. Esta la ocasión
fue de mi tardanza, y estas
las malas nuevas que traigo.
Perdóname, porque es fuerza
que yo, pues sirvo, las traiga,
y tú, pues amas, las sientas.

FEDERICO ¿En la calle de Flor, gente?
* ¿En sus ventanas y rejas
escalas? ¿Y las ventanas
(¡ay de mí, cielos!) abiertas?
¿Un hombre (¡ay de mí otra vez
y otras mil!) que entra por ellas?
Pues, ¿para cuándo es la vida
si de esta vez no se arriesga?
¡Muramos, valor, muramos,
que buena ocasión es esta!
A la corte he de volver,
que no importa la obediencia
del Duque. ¡Vamos!

BECOQUÍN Señor,
advierte que, si te ciegas,
es perder honor y vida.

FEDERICO Pues, no importa que se pierdan
perdida Flor, porque todo
se guardaba para ella.
Desata aquellos caballos
y vamos donde Flor vea

v. 1197 *aurora*: sobre el género gramatical de esta palabra, ver lo ya apuntado en el la nota al v. 527.

que muero, y que muero a manos
de mis celos y su ofensa.

BECOQUÍN He aquí que antes de llegar
te conocen y no llegas.

FEDERICO Pues, ¿qué he de hacer, Becoquín?

BECOQUÍN Espera a que anochezca.

FEDERICO ¿Quién para llorar con celos
un hora tendrá paciencia?

BECOQUÍN Habla conmigo y no llores.

FEDERICO Fuera de eso, si hoy se ausenta
Manfredo no habrá ocasión
esta noche para verla.

BECOQUÍN Si a eso añadieras, señor,
otro traje, menor fuera
el riesgo.

FEDERICO ¿No dices tú
que andan, Becoquín, en ella
esos hombres del trabajo,
que la mudan y descuelgan
y cargan los carros?

BECOQUÍN Sí.

FEDERICO Pues, aquese el disfraz sea.
Pongámonos dos vestidos
como aquellos y no temas
que nos descubran por ellos,
que si son como tú muestras,
galas de hombres del trabajo,
es forzoso que me vengan.

v. 1238 *un hora*: en el Siglo de Oro «el artículo *la*, considerado ya como característico del género femenino, sustituye lentamente a *el* en casos como *el espada*, *el otra* [...]» (Lapesa, 1981, p. 391).

v. 1248 *descuelgan*: una de las acepciones del verbo «descolgar» es la de «[...] quitar los adornos de tapicerías, sargas u otras cosas semejantes que se llaman colgaduras y se ponen en las salas, camas y en las calles y ventanas para alguna función» (*Aut*).

v. 1256 Para poder comprender la última parte de esta intervención de Federico hay que partir del juego disémico del término «trabajo» que lleva a cabo, ya que hay

Dentro Ataja por esta parte.

Federico La caza del Duque es esta.

Becoquín Y, si no me engaño, él mismo
por esa parte atraviesa.

Federico Mucho importa, Becoquín,
que aquí no me halle ni vea.

Becoquín Escóndete entre esas ramas
mientras pasa.

Federico Aquí te queda
tú por si siente el ruido,
y en casa de Celio espera,
que hasta allí yo iré seguro.

Becoquín Pues, retírate que llega.

Escóndese y salen Clotaldo y el Duque de caza.

Clotaldo Hacia aquí me parece, [silvas]
por el rumor que entre las hojas crece,
que el jabalí se esconde.

Duque Bien movida, la yerba nos responde
de su planta valiente.

Clotaldo Tira al tiento.

Becoquín ¡No tires, señor, tente!
Que yo aunque soy y he sido
puerco, no puerco jabalí.

Duque ¿Escondido
qué hacéis aquí, soldado?

Becoquín Espulgábame al sol.

Duque O me han burlado
* los ojos, o os he visto
otra vez.

que entenderlo en su sentido recto en asociación con los ganapanes que se mencionan, pero como 'penalidad', 'sufrimiento' o 'apuro' cuando se relaciona con sus propias circunstancias personales.

v. 1276 *puerco*: además del conocido significado relacionado con la falta de higiene o aseo, puede entenderse también como «grosero, sin policía, cortesía ni crianza» (*Aut*).

BECOQUÍN (Malo es esto, vive Cristo.)
DUQUE ¿Sois montero?
BECOQUÍN Quisiera,
pero ni soy montero ni montera,
aunque soy Becoquín.
CLOTALDO Este es criado
de Federico.
DUQUE Bien, no me he engañado
en que visto os había.
CLOTALDO Y es un loco.
DUQUE Déjale, pues, que me divierta un poco.
¿Dónde está vuestro amo?
BECOQUÍN * Don Arciniega Becoquín me llamo.
Hoy con otro criado
* postas tomó, y no pienso que ha parado
según gana tenía
de correr.
DUQUE ¿Y dónde iba?
BECOQUÍN A Berbería.
No lo sé, mas lo infiero.
DUQUE ¿De qué?
BECOQUÍN De lo que aquí dijo primero.
DUQUE Pues, ¿qué es lo que decía?
BECOQUÍN «Aquesto no se hiciera en Berbería».
Y así, muy bien infiero
que iría donde aquesto no se hiciera.

v. 1283 *Becoquín*: el gracioso juega con el significado de su nombre parlante: «Birrete o solideo [generalmente de dos puntas] con orejeras» (*Aut*).

v. 1288 Becoquín aprovecha la calificación de «loco» que le ha dado Clotaldo para salir airoso del trance tan apretado en el que se encuentra. A partir de este momento se hará pasar por tal a través de unos parlamentos ocurrentes y disparatados, y logrará escabullirse sin levantar ninguna sospecha en el Duque.

v. 1298 Verso sin rima que rompe la serie de pareados. VT la restaura, alterando el v. 1297 a «es muy bien se infiera».

DUQUE Y vos, ¿qué hacéis aquí?
BECOQUÍN Sigo la caza,
porque aunque Dios me dio tan mala traza,
me dio buen gusto. A vella
vine.
DUQUE ¿Que tanto os divertís en ella?
BECOQUÍN Es cosa singular lo que me agrada.
DUQUE ¿Cuál mejor os parece?
BECOQUÍN La empanada.
DUQUE Vos gastáis buen humor.
BECOQUÍN Así conviene,
porque cada uno gasta lo que tiene.
DUQUE Idos pues.
BECOQUÍN Que me place.

Vase.

DUQUE * ¡Qué pocas treguas el cuidado hace
con estos mis recelos!
CLOTALDO Tu vida, gran señor, guarden los cielos.
Su piedad es testigo,
pues del riesgo te avisa tu enemigo.
DUQUE ¿Qué importa cuando incierto
estoy de este enemigo que encubierto
solicita mi muerte
y el ignorado mal es el más fuerte?
CLOTALDO Yo asegurarte puedo
de todos.
DUQUE ¿De qué suerte?

v. 1304 *empanada*: metonimia. Mientras que el Duque entiende el término «caza» como la acción propia de «cazar», Becoquín, sin embargo, se refiere a la carne, ya lista y adereza para el consumo, obtenida como resultado de dicha acción

v. 1308 *treguas*: «[...] descanso o interrupción de la ocupación o trabajo» (*Aut*).

CLOTALDO
Ya Manfredo
a Torreblanca pasa
la familia y la casa.
Enrique (aquí enmudezco) retirado
desde ayer no te ha visto. Desterrado
Federico se parte.
No falta más que asegurar mi parte,
pues, con irme, señor, quedas seguro.

DUQUE
¿Tú te despides?

CLOTALDO
Tu quietud procuro
a costa de mi honor y mi esperanza.

DUQUE
Poco estimas, Clotaldo, mi privanza,
y poco el amor mío.
Mas porque veas que de ti me fío,
cuando de mí a Manfredo he retirado
y cuando a Federico he desterrado,
cuando a Enrique he prendido,
(si bien esta prisión, prisión no ha sido),
en fin, cuando de todos me prevengo,
contigo solo a estas montañas vengo,
donde, para que veas
que tú solo en mi amor y gracia seas
el primero, mi vida
quiero fiar de ti cuando, rendida
al sueño, los sentidos desvanece.
Y así, Clotaldo, en tanto que me ofrece
la yerba blando lecho,
sé centinela que me guarde el pecho,
y que fío de ti, no solo advierte,
mi vida, mas la sombra de mi muerte.

v. 1346 *la sombra de mi muerte*: 'mi sueño'. En sentido figurado, el término «sombra» puede significar «[...] la apariencia o semejanza de alguna cosa» (*Aut*). Hijo de la Noche (que lo engendra por sí sola), Hipno cuenta entre sus hermanos con Moro, Cer y Tánato de quien, frecuentemente, era considerado hermano gemelo. Estas tres abstracciones anteriores simbolizaban a la muerte a través de tres concepciones diferentes de la misma: como destino de los mortales, como final de los mismos o como la muerte sin más, respectivamente. Ovidio (*Metamorfosis*, libro XI, vv. 592-615) nos proporciona una detallada descripción del palacio o mansión donde tiene su morada el dios Hipno. La

CLOTALDO ⋆ (Valiente empresa mía.
No perdáis la ocasión, vuestro es el día.)

DUQUE ¿Qué dices?

CLOTALDO Que no es mucho que aquí el sueño
⋆ se haga, señor, de tus sentidos dueño
⋆ si asistiendo y rondando
pasas toda la noche asegurando
tu corte.

DUQUE Bien premiado estoy si adquiero

Échase.

así el nombre feliz de Justiciero.

FEDERICO (Si aquí a dormir se entrega,
fuerza será esperar, porque me niega
el paso todo un monte
que cierra la salida a otro horizonte.)

CLOTALDO ¿Quién en el mundo ha visto
mayores confusiones? ¿Qué resisto?
Mas, tarde el pensamiento
poner quiere en razón mi atrevimiento.
Yo estoy desesperado,
ya con el de Sajonia declarado,
y estoy también de Flor aborrecido.
Enrique (¡ay, Dios!) de mí muerto o herido.
Pues, si escapar no puedo
de Carlos o de Enrique o de Manfredo,
y hay tantos potentados
por mí ya en Alemania conjurados,
en tal caso, la mía
ya no es traición, ya no es alevosía,
que por guardar mi vida de esta suerte

equiparación supersticiosa que popularmente se establecía entre el sueño y la muerte fue el origen en la época de la costumbre de dormir incorporado, con varios almohadones en la espalda, con el objetivo de no adoptar en la cama la misma postura con la que se acomoda a los muertos en el ataúd para su descanso eterno.

v. 1369 *potentados*: «el príncipe o soberano que tiene dominio absoluto en alguna provincia o estado pero toma investidura de otro príncipe superior» (*Aut*).

debo darle la muerte.
Quien me ha de matar, muera.

* *Vale a dar y sale Federico.*

FEDERICO ¡Tente, traidor! ¡Espera!
CLOTALDO ¡Válgame Dios!
DUQUE ¿Qué es esto?
CLOTALDO (¡Oh, suerte airada!)
FEDERICO Habiendo despertado tú, no es nada,
que si estando dormido
necesidad, señor, de mí has tenido,
(así, en tu enojo, advierto
que te temí mirándote despierto,
que así lo quieren las desdichas mías),
tú mira, Carlos, bien de quién te fías.

Vase.

CLOTALDO No intentes de esa suerte
disculpar el querer darle la muerte.
DUQUE Bien tu lealtad y sus traiciones creo,
que si oculto le veo
y al criado escondido,
quién duda que a matarme haya venido.
Mas, siguiéndole irán las ansias mías.

Vase.

FEDERICO (*Dentro*.) ¡Guárdate, Carlos, de quien más te fías!
CLOTALDO ¿Ya no habrá acción que pueda
intentar yo que bien no me suceda?
Mas, suele ser mayor la desventura
del infeliz que peca con ventura.

v. 1392 Numerosos son los ejemplos que la tradición popular refiere en lo relativo a la precaución que es necesario observar ante ciertos amigos o personas con las que pensamos tener mucha confianza. Entre ellos, valgan como ejemplos, «Más mueren de los confiados que de los recatados», «Atiende bien a lo que te digo: más ojo has de tener con tu amigo que con tu enemigo», «De los amigos me guarde Dios, que de los enemigos me guardaré yo» o «Del mayor amigo suele venir la mayor lanzada».

Vase y salen Flor, Laura y Floro.

LAURA Retírate a este aposento [redondillas]
pues ves cuán revuelta está
la casa.

FLOR ★ Amiga, ojalá
que fuera mi monumento
y muriera en él.

LAURA Advierte...

FLOR ¿Qué he de advertir si en rigor
sé que es de cualquier dolor
última línea la muerte?
Dejadme que muera, pues
acabará con morir
de una vez tanto sentir
y tanto llorar.

LAURA ¿Después,
señora, de haber salido
del engaño en que te viste
anoche, te muestras triste?

FLOR Esa, pues, la causa ha sido.
★ Que como los dos huisteis,
y en el riesgo me dejasteis
cuando las luces matasteis,
lo que pasó no supisteis.
(Y así, en efeto importó
para lo que hizo después
mi padre.) Confieso que es
bien que no merecí yo.

v. 1400 *monumento*: 'sepulcro'. «Llaman asimismo el túmulo, altar o aparato que el Jueves Santo se forma en las iglesias colocando en él, en una arquita a modo de sepulcro, la segunda hostia que se consagra en la misa de aquel día para reservarla hasta los oficios del Viernes Santo, en que se consume. Hácese en memoria del tiempo que nuestro redentor Jesucristo estuvo en el sepulcro» (*Aut*).

v. 1420 Ms incluye aquí ocho versos añadidos por Martínez de Mora que no aparecen en ninguna de las otras versiones: «salir de tal ocasión, / porque, como os e contado, / aquel honbre rebozado / que subió por el balcón, / después de sacar la espada, / como bistes y apagar / las luzes, bolbió a bajar / diciendo con boz turbada». Asimismo, adapta

«Salgamos», dijo, «de aquí,
rebozado caballero,
que echar a perder no quiero
tan noble casa». Y así,
Enrique, que aquesto oyó,
a la poca luz que daba
el balcón, que abierto estaba,
tras el otro se arrojó.
Yo, hecha una estatua de hielo,
casi difunta quedé,
y aunque este suceso fue
★ tan feliz, (¡pluguiera al cielo!)
fuerza es el haber sentido
el lance de haber hallado
en mi reja un embozado,
y en mi casa un escondido.
Y al fin, el sentirlo yo
todo me ha de tener triste.

FLORO ¿Posible es que no supiste
quién fue el embozado?

FLOR No.

FLORO Sería de los que te aman,
que una escala fácilmente
se puede asir.

FLOR Dignamente,
ladrón al amor le llaman.

FLORO (Laura, bien ha sucedido,
que en ninguno ha sospechado.)

el verso 1421 al contexto de este añadido de la siguiente manera: «salgamos todos de aquí».

v. 1432 *feliz*: 'oportuno'.

v. 1440 cuatro versos añadidos al margen por P977, el amanuense que agregó la escena incluida en los fols. 256v-257r de Ms: «sabeislo por bida mia / bosotros (Lau) io no (Floro) ni io / tanpoco (Flo[a]) a esa ora / quien buscarme a mi podria». No creemos que se deban a Martínez de Mora.

FLOR (¡Qué bien los he desvelado!
El primer suceso ha sido
que se escapó de criados,
que todos en la ocasión
dice un discreto que son
enemigos no excusados.)

Sale Manfredo.

MANFREDO ★ Flor mía.

FLOR Seas bienvenido,
que me has tenido, señor,
llena de asombro y temor.
Dime, ¿cómo ha sucedido?

MANFREDO Salíos los dos allá fuera.

LAURA Con notable suspensión
hablan los dos.

FLORO Cosas son
del Duque.

Vanse.

FLOR ¿De qué manera
el negocio dispusiste?

MANFREDO Después, desdichada Flor,
que de aquel sangriento humor

v. 1447 *desvelado*: 'inquietado', 'alarmado', 'turbado'.

v. 1448 *suceso*: 'resultado', 'conclusión'.

v. 1449 Tras la inverosímil explicación que intenta dar Floro a los hechos acaecidos (vv. 1441-1443), Flor cae en la cuenta de que los criados están implicados en la trama urdida. Nótese la ironía mordaz de su respuesta (vv. 1443-1444) ante la hipótesis de Floro.

vv. 1450-1452 *que todos... no excusados*: además del popularísimo refrán que dice que «la ocasión hace al ladrón», el refranero nos aporta otros variados ejemplos que abundan en esta opinión: «para hacer mal, ocasión y lugar», «de la ocasión nace la tentación», etc. (Martínez Kleiser).

v. 1463 *sangriento humor*: el sistema fisiológico elaborado por Galeno en el siglo II (a partir de los conceptos establecidos por Hipócrates con anterioridad) estaba aún vigente en el siglo XVII. Este propugnaba que el cuerpo humano estaba constituido por cuatro humores (la sangre, la flema, la cólera o bilis amarilla y la melancolía o bilis negra) que determinaban, de acuerdo a sus proporciones, el temperamento y las características, tan-

tú me informaste, ya viste
que yo las puertas cerré,
porque vernos no pudiera
ningún criado, y tú fuera
te quedaste.

FLOR Hasta aquí sé.

MANFREDO Luego, con solicitud,
al cadáver infelice
de un arca mal capaz hice
triste y mísero ataúd.
Después de imaginaciones
varias que me combatieron
y que mi discurso hicieron
confusión de confusiones,
salirme determiné
de la corte, y a vivir,
mejor dijera a morir,
irme a una aldea, porque
tres cosas así consigo:
dar al Duque, mi señor,
este gusto, dar color
a la tragedia que sigo,
y, al fin, para no vivir

to físicas como mentales, del individuo. La desproporción de alguno de ellos era causa de enfermedad, así como su justa proporción era el signo inequívoco de templanza física y mental. El exceso particular de los mismos traía aparejados unos efectos muy determinados. Así, un exceso de sangre en el organismo provocaba en la persona la aparición de un carácter optimista, entusiasta y excitable.

v. 1483 *dar color*: la expresión se empleaba como sinónimo de 'dar apariencia real' o 'dar apariencia de verdad' (ver, por ejemplo, el capítulo XLI de la primera parte de *Don Quijote* donde se indica que «No se pasaron quince días cuando ya nuestro renegado tenía comprada una muy buena barca, capaz de más de treinta personas. Y para asegurar su hecho y *dalle color*, quiso hacer, como hizo, un viaje a un lugar que se llama Sargel, que está treinta leguas de Argel hacia la parte de Orán, en el cual hay mucha contratación de higos pasos». La cursiva es nuestra). Sin embargo, creemos que en este contexto la expresión «dar color a la tragedia que sigo» debe entenderse como 'buscar una razón a mi existencia' o 'buscar motivos para seguir viviendo', sobre todo teniendo en cuenta que «tragedia» puede referirse a un «suceso de la vida real capaz de suscitar emociones trágicas» (*DRAE*).

donde cada instante vea
una sombra horrible y fea
que me dé más que sentir.
Y así, por todo el lugar
varios carros envié,
conque a todos desvelé
a donde fuese a parar
aquella arca. Aquesta, pues,
se llevó a una casa mía,
que ha días que está vacía,
al Carmen, porque, después
que anochezca, de allí pueda
sacarla con cuerdo intento
y meterla en un convento
que sepulcro le conceda,
pues, de noche y disfrazado,
sacando un arca cerrada
de una casa despoblada
y poniéndole en sagrado,
mi recelo se asegura,
tiene lugar la piedad,
mi casa seguridad
y el cadáver sepultura.

Salen Becoquín y Federico de ganapanes.

v. 1487 *sombra*: aunque el término puede entenderse con el metafórico sentido general de 'infortunio' o 'desgracia', creemos plausible también, dada la naturaleza del incidente que atormenta a Manfredo, la posibilidad de que esté refiriéndose al 'espectro' o 'fantasma' del propio Enrique.

v. 1496 *Carmen*: a pesar de que el significado genérico del término sea «huerto o quinta con jardines que se hace para recreo» (*Aut*), creemos que aquí se está aludiendo al madrileño convento del Carmen Calzado, fundado en época de Felipe II (concretamente en el año 1573) y que se encontraba ubicado en la actual plaza del Carmen, contigua a la Puerta del Sol. Del convento original hoy solo se conserva la iglesia de Nuestra Señora del Carmen y de San Luis Obispo, popularmente conocida como el Carmen. Aunque todo apunta a que la acción dramática transcurre en una ciudad centroeuropea (muy probablemente Viena), una licencia de este tipo sería comprensible al considerar el gusto que el público madrileño mostraba por las referencias concretas a lugares reales de su geografía urbana en el desarrollo argumental de las piezas teatrales. Sobre el rendimiento dramático que Lope supo extraer de este tipo de referencias madrileñas en algunas de sus comedias urbanas, ver Sáez Raposo, 2013.

FLOR — Temerosa te he escuchado.

BECOQUÍN — Notables estratagemas
de amor.

FEDERICO — Becoquín, no temas,
pues hasta aquí hemos llegado.

FLOR — Es todo lenguas la Fama
y temo que diga el viento...
Mas, ¿quién es?

FEDERICO — De este aposento,
¿qué se ha de sacar, nuesama?
Que el carro cargado está
y para llevar el peso
falta más hato.

MANFREDO — ¿Con eso,
★ buen hombre, os entráis acá?
¿No hay allá fuera cuidado?

FEDERICO — No se enoje su mercé,
porque yo solo me entré
tan nacio y determinado,
que buena disculpa tengo,
puesto que le he dicho ya
que por la hacienda que está

v. 1513 *Es todo lenguas la Fama*: efectivamente, Virgilio (*Eneida*, libro IV, vv. 173-197) describía a esta deidad alegórica como un ser alado, extremadamente veloz y dotada de numerosos ojos vigilantes, lenguas, bocas y orejas atentas a todo. Por su parte, Ovidio (*Metamorfosis*, libro XII, vv. 39-63) refiere el palacio en el que habita la Fama como un lugar privilegiado entre la tierra, el cielo y el mar desde el que se divisa «cualquier sitio, por alejado que esté». No solo no existen las puertas sino que está dotado de numerosos huecos para que cualquier voz o murmullo pueda penetrar en él. Como está hecho de bronce, estos retumban dentro y se reproducen, a modo de eco, pero de manera amplificada.

v. 1516 *nuesama*: con el propósito de potenciar el efecto del traje de ganapán con el que va disfrazado, Federico imita el habla rústica propia de criados salpicando sus parlamentos con formas típicas del mismo (ver también las formas «mercé», en el verso 1522, «nacio», en el 1524, y «par», en el 1584).

v. 1527 *hacienda*: Federico, amparado en su disfraz y en sus toscas maneras, habla empleando el doble sentido, ya que la palabra «hacienda» debemos entenderla en su sentido recto ('bienes', 'riquezas', 'pertenencias'), pero también en un plano metafórico

en este aposento vengo.
Y he errado, es cosa llana,
en querer, pues está abierta,
sacarla yo por la puerta
cuando otros por la ventana,
si vuestro enojo cruel
no topa en decir que ya
de aqueste aposento está
mudado cuanto hay en él.

MANFREDO No es aquesa la ocasión
de haberme enfadado así,
sino de que entréis aquí
sin esperar más razón.

FLOR Reñirle a él no conviene,
sino a quien le dejó entrar,
que razón no ha de guardar,
señor, quien razón no tiene.
¿Qué más prueba de venir
sin ella, que habiendo ya
dicho que por lo que está
aquí ha venido, decir
luego que estará mudado?
Pues, si estarlo imagináis,
¿a qué efeto así os entráis
soberbio y determinado?
Pues, si ya mudado está,
venís errados los dos,
porque, en estándolo, vos
no tenéis qué hacer acá.
Y, en efeto, salíos fuera,

que designa a la propia Flor. De este modo se entiende perfectamente la ironía que hay encerrada en los versos 1529-1532, perfectamente manifiesta para la dama y el público aunque no para Manfredo.

vv. 1543-1549 Parece bastante claro que Flor se está expresando en estos versos con una deliberada ironía anfibológica (razón = 'argumento' *vs* 'cordura'; por lo que está aquí ha venido = 'objetos del aposento' *vs* 'Flor'; mudado = 'cambiado de lugar' *vs* 'cambiado de atuendo', 'disfrazado') que no haría sino evidenciar que sabe perfectamente que el ganapán que aparentemente tiene delante es, en realidad, Federico.

que lo que está en este cuarto
no se muda ahora.

FEDERICO
Harto,
señora, lo agradeciera
yo a su merced.

MANFREDO
Pues, a vos,
¿qué os puede importar en eso?

FEDERICO
* Estoy ya rendido al peso
que he sustentado hoy, por Dios,
y quisiera descansar,
si es que algún descanso espera
quien vive de esta manera.

FLOR
Puesto que se ha de mudar,
ya que estos dos han entrado,
deja que saquen, señor,
lo que hay aquí, pues mejor
será salir de este enfado
de una vez.

MANFREDO
Has dicho bien.
Ea, esta ropa sacad.

FLOR
Por ese estrado empezad.

FEDERICO
Pues, en nombre de Dios, ten.

BECOQUÍN
Toribio, vamos sacando
las almohadas así.

v. 1561 Una vez más, el diálogo discurre a través de dos ámbitos denotativos distintos. Mientras que el verbo «mudar» Flor lo emplea con el sentido de 'transportar' los objetos que hay en el cuarto, Federico lo hace con el de 'cambiar' o 'transformar' el 'proceder' o 'la forma de ser'. De nuevo, está presente el tópico de la volubilidad femenina.

v. 1577 *Toribio*: como cabría suponer, los nombres tras los que encubren Federico y Becoquín su verdadera identidad (Toribio y Tomé, respectivamente) están en consonancia con los cuidados que han puesto en lo tocante a su traje y al habla que emplean. Un vistazo a los personajes a los que Calderón decide bautizar con este último nombre resulta inequívoco. En *La devoción de la cruz* el personaje así llamado es un villano. En los entremeses de *Los ciegos* es un invidente y en *La melancólica* un «marido con vocación de cornudo». Por último, en *Guárdate del agua mansa,* el figurón Don Toribio Cuadradillos es pobre, feo, «[...] viste de forma grotesca, es torpe, inculto e ignorante, habla sin pensar y muestra continuamente sus celos, su desconfianza y su impaciencia, provocando la

Manfredo — Floro y Laura estaos aquí
y ved lo que van sacando
de aqueste cuarto los dos.

Salen Floro y Laura.

Federico — Mirad lo que sacan otros,
que esta hacienda con nosotros
segura está.

Becoquín — Sí, par Dios.
Vuelve, Toribio, a torcer.

Federico — Todo bien asido va.

Becoquín — Sí, que señor mandará
que nos den para beber.

Federico — Carga este tercio.

Becoquín — ¿Yo?

Federico — Sí,
ten firme.

Becoquín — Tenelde vos.

Manfredo — Turbado ando, Flor. Adiós.

Vase.

Federico — ¿Fuese ya su padre?

Flor — Sí.

Federico — Pues salgan, ingrata Flor, [romance é]

Descúbrese.

mudable, falsa y cruel,
envueltas en fuego y llanto

mofa del resto de los personajes [...]» (Tyler y Elizondo, 1981, p. 76; Huerta Calvo y Urzáiz, 2002, p. 477).

v. 1585 *torcer*: «doblar, encorvar, poner oblicua una cosa que está recta» (*Aut*).

v. 1589 *tercio*: «la mitad de una carga, que se divide en dos tercios, cuando va en fardos» (*Aut*).

v. 1590 *Tenelde*: la metátesis en los grupos formados por un imperativo y un pronombre enclítico fueron un fenómeno muy frecuente a lo largo de todo el siglo xvii. A este respecto, ver también los versos 1947, 1949 y 1959.

mis desdichas de una vez.
Salgan, pues, salgan del pecho,
todos juntos de tropel,
los agravios de mi amor,
los desprecios de tu fe.
Pero, ay de mí, que aunque quiero
quejarme de ti, no sé
por dónde empiece. Que cuanto
estudiado truje, al ver
tus ojos se me olvidó.
Y entre el dudar y el temer
mis celos enmudecieron,
cobardes deben de ser,
pues solo saben hablar
a donde no hay para qué.

FLOR Federico, esposo mío,
mi dueño, mi amor, mi bien,
¿qué extremos, qué sentimientos
son estos? ¿Qué pena es
la que te aflige? ¿Qué agravio,
qué pesar o qué desdén?
Porque si te adora el alma,
siempre amante, siempre fiel,
siempre tuya y siempre mía,
¿de quién te quejas? Y, ¿a quién?
¿Qué traje es este? ¿Qué es esto?
¿Cómo vuelves sin temer
los peligros de tu vida?

FEDERICO ¿Aún tú no lo sabes bien?
Mas, como un sabio decía,
donde quiera que yo esté
mis bienes están conmigo,
que allá era hacienda el saber.

v. 1627 *donde quiera... conmigo*: puede afirmarse que el concepto de sabiduría o conocimiento como el único patrimonio verdaderamente propio e imposible de arrebatar al ser humano es universal. Valgan como ejemplo los siguientes aforismos al respecto: «más vale saber que haber», «más vale ciencia que renta», «solo el sabio es rico», etc. (Martínez Kleiser).

Yo, que soy sabio en desdichas,
puedo decir al revés:
conmigo traigo mis males
que son mi hacienda también.
Y así, no importa que venga
a morir, pues, cierto es,
que aunque me estuviera allá,
allá muriera también.
Y aquí muero con ventaja,
pues yo muero y tú lo ves.

BECOQUÍN Pregunto, ¿hace nada al caso
que yo cargado me esté?
Que aunque es delante este cielo,
soy Atlante muy novel
y daré con todo en tierra.

FEDERICO Eso importa así, porque
si alguien viene te halle así,
Becoquín, dando a entender
que vamos sacando ropa.

BECOQUÍN El que entrare, si me ve
como cargado, cargando,
¿no lo entenderá también?

FLOR Floro, ponte tú a esa puerta.
Tú a aquélla porque aviséis
si vuelve mi padre. Agora
dime tú, si ya te ves
a tu voz restituido,
qué queja. (¡Ay, de mí! Si él

v. 1641 *cielo*: el término debe entenderse como un piropo que Becoquín dedica a Flor con la intención de sustentar, nunca mejor dicho, la equiparación que de él mismo va a llevar a cabo justo en el verso siguiente.

v. 1642 *Atlante*: podría referirse Becoquín al personaje mitológico o, de manera traslaticia, a un tipo de estatua que, a modo de columna, soportaba motivos de carácter ornamental o estructuras y que sería el equivalente masculino de las cariátides. El nombre proviene del gigante Atlas, hijo de Iápeto y Clímene, que acaudilló a los Titanes en la Titanomaquia, guerra que Zeus emprende contra su padre Cronos. Los Titanes, que habían luchado al lado de este último, resultan vencidos por Zeus, que castiga a Atlas con el suplicio de sostener sobre sus hombros el globo celeste.

sabe lo que pasó anoche,
yo soy muerta.)

FEDERICO
Sí diré,
* que no por haber callado
al verte, Flor, olvidé
lo que tengo que sentir.
Antes cobré aliento bien
como el curso de una fuente
que, estorbándole el correr
con la mano, se hace atrás,
falta un instante y después
vuelve con mayor violencia.
Así, mis ojos también,
que corren siempre desdichas,
en el punto que te ven
se suspenden aquel rato
estorbados del placer
de verte, con mayor fuerza
vuelven al llanto después,
porque el poder resistido
corre con mayor poder.

FLOR
Prosigue y no hagas cobardes
los celos, que siempre fue
su opinión el ser valientes.
Mas, muy de valientes es,
cuando riñen sin razón,
* acobardarse y temer.

FEDERICO
Pues, ya es forzoso el hablar,
perdona, Flor, si esta vez
pierdo el respeto a tu honor,
que no hay celoso cortés.

v. 1676 Ms incluye aquí dos versos, añadidos al margen por Martínez de Mora, que no aparecen en ninguna de las otras versiones: «FLOR Pues tú descansa hablando. / Ya habrás descansado, pues».

v. 1679 Ms incluye aquí dos versos, añadidos al margen por Martínez de Mora, que no aparecen en ninguna de las otras versiones: «y aquí se prueba también / con haber enmudecido».

Flor — Del mal que vienes herido,
sola de esa razón sé.
Y antes que me digas más,
si te puede merecer
mi amor alguna fineza,
te suplico que me des,
Federico, una palabra.

Federico — Sí doy.

Flor — Persuádete.

Federico — ¿A qué?

Flor — A que no te he ofendido,
y que mi honor y mi fe
al lado viven del sol,
y con más ventajas que él.
A que te amo como a esposo
y, al fin, señor, aunque estés
persuadido a tus agravios,
soy quien soy. Di agora, pues.

v. 1702 *soy quien soy*: la contundencia con la que Flor proclama su propia idiosincrasia e identidad (ya lo hizo de manera idéntica en el verso 859 ante Enrique aunque sin la relevancia de orden ontológico que posee en este contexto) contrasta fuertemente con la imagen de persona mudable e inconstante con la que Federico se ha empeñado en caracterizarla de manera reiterada hasta este momento. Se trata de una fórmula muy habitual en el corpus calderoniano y, en general, en el teatro del Barroco, con la que se define de manera sucinta pero inequívoca el sometimiento a las leyes del honor que regían la conducta de la época. La expresión, de honda resonancia filosófica, no solo suscita en el espectador evocaciones de carácter bíblico (*Éxodo*, 3, 14), sino que también recuerda el modo enigmático con el que Don Quijote se autodefine o autoafirma en el capítulo V de la primera parte de su historia: «Yo sé quién soy». Recuérdese también que de manera idéntica a este último se expresaba Segismundo, en la jornada segunda de *La vida es sueño*, en uno de los momentos álgidos del desconcierto mental que le produce la manifiesta imposibilidad de distinguir entre realidad y ensoñación: «¿Que quizá soñando estoy, / aunque despierto me veo? / No sueño, pues toco y creo / lo que he sido y lo que soy. / Y aunque agora te arrepientas, / poco remedio tendrás: / *sé quién soy* y no podrás, / aunque suspires y sientas, / quitarme el haber nacido / desta corona heredero. / Y, si me viste primero / a las prisiones rendido, / fue porque ignoré quién era; / pero ya informado estoy / de quién soy y sé que soy / un compuesto de hombre y fiera» (ed. Ruano de la Haza, 1994, p. 209, vv. 1531-1547. El énfasis es nuestro). Para saber más sobre los orígenes de esta expresión, su tradición y su empleo en el teatro español del Siglo de Oro, remitimos a Spitzer, 1947.

FEDERICO
Ya no tengo qué decir,
porque si no he de creer
* que faltas, Flor, a quien eres,
siendo mudable y mujer,
no tengo de qué quejarme.
Y así yo, yo callaré
el haber visto en tu calle
(¿visto dije?), yo me erré,
que no lo vi (¡ay, quién callara!)
en fin. No diré que sé
que estuvo en tu calle gente,
que se ha arrojado también
de tu balcón una escala,
fuera ojalá su cordel
un lazo para mi cuello,
pues subió por ella quien
es más dichoso que yo
porque menos firme es.
Que entró dentro, que pasó
* lo que los dos os sabéis.
Si esto no he de creer, digo
que es verdad que dices bien,
que se engañó quien lo vio
y, pues, que mentira fue.
Adiós, Flor, guárdete el cielo.
Quien eres, serás (sí, a fe),
pues no es faltar a quien eres,
que, en efeto, eres mujer.

FLOR
* No has de salir. Oye. Espera.

FEDERICO
Suéltame, Flor.

FLOR
Oyemé.

FEDERICO
No es posible. Cree de mí
* que no has de volverme a ver
en tu vida y, plega a Dios,

v. 1732 *Oyemé*: cuestiones de índole métrica y rítmica imponen una lectura aguda de esta forma verbal en consonancia con el romance con rima en *-é* en el que está incluido el verso.

que las nuevas que te den
de mí sean que a las manos
de un traidor...

FLOR La voz detén,
mi señor. Mi señor dije,
yerro de la lengua fue,
porque quien ofende amando
ni es mío, ni lo ha de ser.

FEDERICO No te arrepientas, que yo
la palabra tomaré.

FLOR Pues has de oírme.

FEDERICO Yo te creo
sin hablar, no hay para qué.

FLOR Pues no has de salir de aquí
hasta escucharme.

FEDERICO Di, pues.

FLOR ¿Nunca has visto, Federico,
que he de valerme también
de comparaciones yo,
un vidrio que al rosicler
del sol finge más colores
en verde y azul papel
que dibujó en cielo y tierra
el apacible pincel
de naturaleza, y luego
el color, al parecer
que es fingido, del cristal
no deja señal después?
Así, aunque los celos tuyos

vv. 1749-1760: «This description of prismatic effects is a masterful image, used to express the fact that her guilt is like a mere optical illusion which leaves no trace afterwards of the colors which seemed to be present. She goes on to explain that his jealous tears are like the "vidrio", since they add false shades of guilt to real, but innocent, events». Bigelow, 1975, p. 68

v. 1752 *rosicler*: «El color encendido y luciente parecido al de la rosa encarnada» (*Aut*).

te hagan terminar y ver
sombras, fantasmas, visiones
con voz, con cuerpo, con ser,
son aparentes no más,
que celos saben hacer
de las lágrimas cristales.
Y así, un celoso, tal vez,
* aunque lo que ve es verdad,
es mentira lo que ve.
Esto el alma te asegura,
y, así, te digo que fue
apariencia solamente,
que no te puedo ofender.
Vete agora, vete agora.
Vete, Federico, pues.

FEDERICO Agora no me quiero ir,
que primero he de saber
de tu boca si es verdad
lo que te he dicho.

FLOR Sí es.

FEDERICO Luego, ¿llegó el embozado?

FLOR Sí.

FEDERICO ¿Abierto un balcón y en él
una escala?

FLOR No lo niego.

FEDERICO Y, ¿subió un hombre?

FLOR Así fue.

FEDERICO ¿Entró en tu cuarto?

FLOR Es verdad.

FEDERICO ¿Habló contigo?

FLOR También.

FEDERICO Y, ¿no me lo niegas?

v. 1775 Ms incluye aquí dos versos de mano de Martínez de Mora que no aparecen en ninguna de las otras versiones: «ya abiertas las puertas ves. / Yo no te detengo ya».

FLOR — No.

FEDERICO — ¿Por qué? ¡Di, fiera! ¿Por qué?
Que ya me contentaba,
aunque es cierto, yo lo sé,
conque lo negaras tú.
Mira qué poco a deber
te llego, pues no te debo
una mentira. ¡Ay, cruel!
¿Por qué? ¿Por qué no me engañas
siquiera, ingrata?

FLOR — Porque
es verdad cuanto me acusas,
no el ser mudable y infiel,
y yo no quiero negarlo
dando con esto a entender
que si mi culpa es mentira,
lo es mi disculpa también.
Que el que ha de decir verdad,
Federico, no ha de hacer
el prólogo con mentira,
porque al mentiroso es bien
no creerle las verdades
cuando las diga después.

BECOQUÍN — Pues, si va a decir verdad,
yo no puedo más también.
★ ¡Qué pesado es un estrado!
Los diablos carguen con él.

Déjale.

FEDERICO — ¿Disculpa hay?

FLOR — Sí.

v. 1789 Verso hipométrico. Ms reconstruye la medida de acuerdo a la tirada de romance en la que se inserta: «Porque ya me contentaba».

v. 1812 *Pues,… carguen con él*: como ya sucedió en los versos 1639-1643, y como también ocurrirá posteriormente en los versos 1863-1864, la intervención del gracioso haciendo mención a cuestiones triviales en comparación con la elevada tensión dramática de este largo diálogo entre la pareja de enamorados vendría a servir como una especie de calculada válvula de escape a la trascendencia emotiva de la escena en cuestión.

FEDERICO Plega a Dios.
No dudes, prosigue pues.
¿Quién puso la escala?

FLOR Nadie.

FEDERICO ¿Quién el embozado fue?

FLOR No le conocí.

FEDERICO * ¿A qué entró
en tu cuarto?

FLOR No lo sé.

FEDERICO Pues, ¿dónde está la disculpa?

FLOR En no saberlo.

FEDERICO Muy bien.
Y, ¿disculpa es no saberlo,
de suerte que yo he de ver
los agravios cara a cara
y las disculpas por fe?
Adiós, Flor, tienes razón.

FLOR Si quisieres irte, ve,
que no hay más satisfacciones
que darte que no saber
quién fue, porque si le hubiera
hablado supiera quién.
Vete, vete y plega a Dios
que las nuevas que te den
de mí sean que mi muerte
ha sido.

FEDERICO ¡Detén! ¡Detén
las maldiciones, Flor mía!
Mía dije. Yerro fue
de la voz, que por costumbre
pronuncia amores tal vez.

FLOR No tienes que arrepentirte,
que yo no te tomaré
la palabra.

FEDERICO Luego, ¿estás
enojada tú también?

FLOR Sí, pues que de mí has tenido
tan bajo concepto.

FEDERICO ¿Quién
no tuvo celos amando?

FLOR Quien amó con firme fe.

FEDERICO Aunque vaya yo enojado,
no lo quedes tú esta vez.
Haga las paces el tiempo
que nos falta.

FLOR Mal podré
resistirme a mi deseo
cuando estoy queriendo bien,
mi señor, ya sin errarme,
sino porque lo has de ser.
Adiós, Federico.

FEDERICO Adiós,
Flor.

FLOR ¿Volverete a ver?

FEDERICO Sí, que ya no he de ausentarme.

FLOR ¿Cómo?

FEDERICO Impórtame también.

FLOR Pues, en Torreblanca estoy.

FEDERICO Pues, a Torreblanca iré.

FLOR ¡Ay, perdido dueño mío!

FEDERICO ¡Ay, mi malogrado bien!

BECOQUÍN ¡Ay, mi bien pesado estrado!
¡El diablo te lleve! Amén.

v. 1846 Ms incluye en este punto cuatro versos que no aparecen en ninguna de las otras versiones: «FEDERICO Tú me das muerte con celos. / FLOR Con ellos matas también. / FEDERICO Gente viene. FLOR Ruido siento. / LAURA Sosegáos que nada es».

Vanse y sale Manfredo disfrazado.

MANFREDO ¿Quién se vio más afligido [décimas]
ni en más peligroso empeño
que yo, sin que fuese dueño
del delito cometido?
* Retirado y escondido,
mi desdicha me buscó
en mi casa. Allí me halló
sin llamarle con mi dicha,
que aún no fuera mi desdicha
cuando la llamara yo.
Oculté el noble delito
de Flor por salvarme a mí,
y truje advertido aquí,
con un secreto infinito,
el arca que solicito
de aquí sacar escondida
sin que a otro testigo pida
favor porque, de esta suerte,
lleve una muerte a otra muerte,
que ya no es vida mi vida.
Ya solo en la calle estoy.
Abrir esta puerta puedo
con pavor, asombro y miedo.
Confieso que a verte voy,
joven infeliz. No doy
paso que no me parece
que se erice y estremece
el cadáver, suerte dura,
pidiendo la sepultura
que ya mi valor le ofrece.

Vase y salen Federico y Becoquín.

BECOQUÍN ¿Quién ha de entenderte?
FEDERICO A mí
apenas me entiendo yo.
BECOQUÍN ¿Ya no has de partirte?
FEDERICO No.

BECOQUÍN ¿Y has de quedarte aquí?

FEDERICO Sí.

BECOQUÍN Pues, ¿cómo has de estar aquí
después de haberte pasado,
señor, lo que me has contado?

FEDERICO Por eso mismo no quiero
ausentarme, que así espero
quedar, Becoquín, vengado.

Sale Manfredo con un arca.

MANFREDO Aunque se esfuerza el valor, [redondillas]
las fuerzas no lo consienten.
Bueno es antes que se intenten
mirar las cosas mejor.
Mas dos hombres veo. El uno
podrá ayudarme. Mancebo,
por vuestro traje me atrevo
en caso tan oportuno.
Esta arca habéis de llevar
aquí cerca, y daros quiero
vuestro trabajo primero
y después a refrescar.
Tené amigo de esa parte.

FEDERICO Bien, por Dios, voy ocupado.

MANFREDO Pues, yo que estoy ya empeñado
★ en ello o he de matarte
o has de hacello.

★*Amágale con la daga.*

FEDERICO (Lance fuerte.
Si me quiero resistir,
podrá justicia venir
y conocerme, de suerte
que a mi dicha corresponde
la ocasión. Ya es fuerza aquí

v. 1916 *refrescar*: Covarrubias señala que el «refresco» es «el pasto y bebida que se da a los que trabajan sin que alcen mano de la obra».

llevalla, pues vengo así.)
Ayude y dígame a dónde
se ha de llevar.

MANFREDO Id delante,
que yo os seguiré.

FEDERICO Tomé.

BECOQUÍN ¿Qué quieres?

FEDERICO Aguardamé
en este puesto un instante.

BECOQUÍN Aquí aguardo.

MANFREDO Gente siento.
Por si fuere el Duque es bien
* irme.

Vase. Salen el Duque, Clotaldo y gente.

CLOTALDO ¡Deteneos!

FEDERICO ¿A quién?

CLOTALDO Al Duque.

FEDERICO Gran cosa intento.
¿Qué mandáis? Tenido estoy.

CLOTALDO ¿Qué es aquesto que lleváis?

FEDERICO Un arca.

CLOTALDO Y, ¿a dónde vais?

FEDERICO No sé, por Dios, dónde voy.
Ahí detrás su dueño viene.
Él les dirá dónde va.

CLOTALDO ¿Adónde viene?

FEDERICO Ahí está.
Parece que gusto tiene
de verme cargado.

v. 1931 *Aguardamé*: como ya sucediera en el verso 1732, cuestiones métricas y rítmicas exigen una articulación aguda de esta forma verbal con el fin de respetar las peculiaridades constitutivas de la redondilla de la que forma parte el verso.

CLOTALDO Aquí
no viene nadie. Este es
ladrón.

DUQUE ¡Prendelde, y después
lo sabremos!

FEDERICO ¡Ay, de mí!

DUQUE ¡Reconocelde!

Llegan luz.

CLOTALDO Señor,
Federico es.

DUQUE ¿De esta suerte?

CLOTALDO Sin duda, a darte la muerte
viene en tal traje.

FEDERICO ¡Ah, rigor!

DUQUE Lo que en el arca hay mirad.

CLOTALDO Dadme la llave.

FEDERICO ¿Qué llave?
(¿Viose desdicha más grave?)

DUQUE Luego la descerrajad.

Criado Abierta pienso que viene
con solo un cordel liada.

DUQUE ¡Deslialda!

Criado Desliada
está.

DUQUE ⋆ ¡Ved lo que contiene!

CLOTALDO ¡Jesús, y qué mal olor!
¡Llega esa luz! Ello es cierto,
cuerpo muerto es.

DUQUE ¿Cuerpo muerto?

CLOTALDO Este es Enrique, señor.

vv. 1960-1963 Adviértase la acotación implícita de índole gestual y cinésica contenida en estos versos.

FEDERICO ¡Válgame el cielo!

DUQUE ¡Llevad
preso al traidor y aquesta arca,
despojos de fiera parca,
entre los dos os cargad
para darle sepultura!

FEDERICO (Cielo, ¿a quién desdicha igual
sucedió?)

CLOTALDO (Con suerte tal,
hoy mi dicha se asegura.)

JORNADA TERCERA

Salen Manfredo y Flor.

FLOR
Prosigue, que estoy, señor, [romance é-e]
de tus razones pendiente
y dando gracias al cielo
que deparar te quisiese
aquel hombre.

MANFREDO
Como digo,
en viendo que diligente
volvió la espalda el buen hombre,
presumo que un ángel fuese,
dejele alargar delante,
* porque si a reconocerle
llegasen...

Sale Laura.

LAURA
¡Señor! ¡Señora!

FLOR
¿Qué ha sucedido?

MANFREDO
¿Qué tienes?

LAURA
Desde esa torre, atalaya
del sol, he visto que vienen,
de la corte, hombres armados
que cercan y que guarnecen
* una carroza, no sean
que hayan venido a prenderte
por el enojo del Duque.

MANFREDO La fortuna echó la suerte.
Sin duda que se han hallado
testigos que me condenen.
¿Qué haré, Flor?

FLOR Huye señor.

MANFREDO Sí. ¿Podré salir?

LAURA No puedes,
que a la puerta paró ya
esa carroza en que viene
Clotaldo y un hombre a quien...
Mas pintarlo no conviene
cuando todos por la sala
entran ya.

FLOR ¡No te despeñes!
¡Tente pensamiento! ¡No
me arrastres, discurso, tente!

Sale Clotaldo y Federico con prisiones y vendados los ojos.

CLOTALDO Entrad vos solo conmigo,
todos los demás se queden.
Señor Manfredo.

MANFREDO Señor
Clotaldo. Pues, ¿de esta suerte
vos en mi casa? ¿Qué es esto?

CLOTALDO Importa que solo quede
con vos.

MANFREDO Pues, déjanos solos.

FLOR ([*Ap.*] Dicen que astrólogo suele
ser el corazón, y yo

v. 2004a *prisiones*: «los grillos, cadenas y otros instrumentos de hierro con que en las cárceles se aseguran los delincuentes» (*Aut*).

vv. 2012-2013 *Dicen... corazón*: efectivamente, la creencia popular atribuye a este órgano, a través de lo que se conoce como presentimientos o corazonadas, la virtud de no errar en sus pálpitos. Entre los refranes que recogen esta idea podríamos citar: «El corazón no habla, mas adivina», «El corazón es adivino», «El corazón no miente a ninguno», «El hígado es traidor; el corazón, no» o «El cerebro es embustero; el corazón verdadero» (Rodríguez Marín, 2007). La astrología en el Renacimiento y el Barroco

presumo que he de creerle,
que en las desdichas no hay
* astrólogo que no acierte.)

Vanse.

CLOTALDO (¡Ay, bella Flor! ¡Cuánta culpa
en estos sucesos tienes!)

MANFREDO Ya estoy solo.

CLOTALDO Pues leed.

Dale un papel.

MANFREDO Decreto del Duque es este.

Lee.

Manfredo, Conde de Anjí,
a mi servicio conviene
que esté en Torreblanca preso

fue una ciencia equivalente a la astronomía actual cuya práctica pudo conjugarse perfectamente con la doctrina católica, incluso con todo lo relativo a la propugnación de la existencia del libre albedrío. Dios, en su omnipotencia, permitía de este modo al ser humano predecir ciertos designios de su futuro a través de algunos indicios o señales que él mismo había dejado trazados en los astros. La astrología, que se impartía en algunas de las más prestigiosas universidades europeas como Bolonia (hasta 1572) y Oxford (hasta bien entrado el siglo XVII), tenía repercusión teórica y práctica en diferentes ámbitos, desde la elaboración de horóscopos (por parte de científicos de la talla de Kepler o Galileo), al diagnóstico y tratamiento médico de enfermedades (la Universidad de Montpellier, una de las más prestigiosas escuelas médicas europeas en el siglo XVI, incluía como requisito el estudio de esta disciplina) e incluso para determinar el día concreto más favorable para empezar una edificación (así lo recomienda Leon Battista Alberti en su prestigioso tratado de arquitectura). El propio Calderón decidió aprovecharse de este asunto, en clave cómica, en *El astrólogo fingido*. En ella, además de mostrar el conocimiento que tenía sobre las obras de algunos famosos astrólogos como Juan Bautista de la Porta y Ginés de Rocamora y de diferenciar entre la figura del astrólogo y la del mago encantador (susceptible de ser perseguido y sancionado por el Santo Oficio), critica no solo a estos adivinadores que nunca aciertan y que cuando lo hacen es por pura casualidad, sino a la excesiva credulidad de todos aquellos supersticiosos que recurren a sus servicios.

v. 2021 *Anjí*: Debe de estar haciendo referencia a la Casa de Anjou, condado hasta el siglo XI y ducado posteriormente. Se trata de un título nobiliario que, generalmente, ha pertenecido a los reyes de Francia desde finales del siglo XV. De hecho, era el título que ostentaba Felipe V antes de convertirse en rey de España.

Federico en lo más fuerte
de ella, donde el sol apenas
* por solo un resquicio entre.
No le quitéis las prisiones
y ninguno a hablarle llegue
sino vos, y así, vos solo
le llevad lo que comiere.
Esto importa a mi honor y esto
lo mando pena de muerte.

CLOTALDO Y yo así os lo notifico.

MANFREDO Yo lo obedezco. Y, si puede
informarse mi cuidado,
decidme, ¿qué caso es este?
¿Por qué prende a Federico?

CLOTALDO Por las sospechas que tiene
de la traición que sabéis
y porque dio a Enrique muerte.

MANFREDO ¿A Enrique dio muerte?

CLOTALDO Sí.
Quedad con Dios. (Imprudente
corazón mío, pues tanto
solo a profanar te atreves,
y sabes, por los efetos,
que Flor ama, estima y quiere
a Federico, no temas,
* sino imposibles emprende.
No pierdas las ocasiones,
que el cielo te favorece.)

Vase.

FLOR *Al paño*. De aquí me llevó el temor
* pero aquí el temor me vuelve.
Sin que mi padre me vea,
detrás de aquestos canceles

v. 2054 *canceles*: «antepuerta de madera, lienzo o cuero que defiende del aire o a los que entran en el que vean lo que está detrás de él. Unas veces se hace con pies y se pone en cualquiera parte de las salas y otras como antipara» (*Aut*).

le oiré.

MANFREDO ¿Preso Federico?
¿Yo alcaide? ¿Mi casa el fuerte?
¿Y por la muerte de Enrique?
¿Qué enigma, cielos, es este?

FLOR Muerte, Enrique y Federico
dijo. Demos neciamente
otro paso a ver qué dicen
Federico, Enrique y muerte.

MANFREDO Yo he de salir de esta duda.

Descúbrele.

Federico, ya os consiente
mi valor que en tantas penas
la luz del sol os consuele.

FEDERICO El mayor consuelo mío
es, señor Manfredo, verme
preso en vuestra misma casa.
¡Dichoso el que en ella muere!

FLOR* ¿Qué miro? Pues mis desdichas
ir delante no pueden,
demos otro paso atrás.

MANFREDO En tan rigurosa suerte,
* poder dispensar quisiera
en este orden y que fuese
hospedaje generoso,
pero yo...

FEDERICO * No hay que ofrecerme
merced ninguna. El rigor
ejecutad de las leyes,
que a un poderoso enojado
y a un enemigo valiente
no vence quien se resiste,
sino quien se humilla vence.

FLOR Ya que mis desdichas veo,
oírlas quiero claramente.

* Demos otro paso.

MANFREDO
Quien
discurre tan cuerdamente,
disculpe mi acción. Venid
donde una torre os encierre
y donde el sol no os visite.

FEDERICO
A todo estoy obediente.

MANFREDO
Seguidme pues. Pero, en tanto,
* decidme, ¿qué caso es este?

FEDERICO
(Lo que él sabe me pregunta.
Mas contárselo conviene.)
Salí desterrado.

MANFREDO
Ya
lo sé.

FEDERICO
Volví neciamente
en este traje a la corte.
Nunca a la corte volviese.

MANFREDO
Pues, ¿qué os sucedió?

FEDERICO
Topé
un hombre...

MANFREDO
¿Sí?

FEDERICO
Que por verme
en este traje me dice
* que un arca suya le lleve.

MANFREDO
(¡Válgame el cielo! ¿Qué escucho?
¿Que a quien di el arca fue este?)
Y, ¿por qué no os excusasteis
siendo vos?

FEDERICO
Porque valerse
quiso del valor, y yo,
porque no me conociesen
si acaso alguno llegaba,
antes quise parecerme
a mi traje que a mí mismo,
que es el acción más prudente

saber un hombre medirse
a lo que pide su suerte.

MANFREDO ¿No conocisteis quién era?

FEDERICO Cuando yo le conociese
soy caballero, y por mí
ninguno ha de perder. Fuese,
* y yo, encontrado del Duque,
fue fuerza el reconocerme
* el rostro, pero no el alma,
que él de rebozo ve siempre.
Ofendiose en verme así,
porque el mudar traje tiene
ya confesado el delito

v. 2115 *medirse*: «ajustar uno sus acciones a sus propias facultades» (*DRAE*). En este caso, en realidad, sería más propio decir a las circunstancias.

v. 2124 *de rebozo*: «de oculto, secretamente» (*DRAE*).

v. 2127 *el mudar... delito*: a diferencia de los códigos mucho más relajados que, en términos generales, tenemos hoy en día, la vestimenta en la Europa de la época poseía una altísima carga semiótica que había que interpretar en dos ámbitos distintos: como marcador diferenciador de género y de estamento social. Para comprender la importancia del primero, basta con recordar el buen número de obras que juegan con el motivo del personaje femenino vestido de hombre o, en las piezas cómicas breves, con el travestismo del protagonista. Un buen ejemplo del segundo lo podemos apreciar en nuestra obra donde, como vemos, se manifiestan las dudosas intenciones que parecen estar detrás de todo aquel que viste unas ropas ajenas a su condición social. Estas, claro está, imponían una conducta completamente tipificada (vv. 2112-2113), ya que, como apunta Jean E. Howard (1993, p. 23), «the stability of the social order depends on maintaining absolute distinctions as much between male and female as between aristocrat and yeoman». De hecho, como es bien sabido, el estado se preocupaba en regular estos códigos de atuendo, en sus diversas vertientes, a través de decretos suntuarios que tenían un impacto directo en los usos sociales de la época. Este tipo de pragmáticas fueron bastante habituales durante el reinado de Felipe IV. Para Jean E. Howard [ídem], «to transgress the codes governing dress was to disrupt an official view of the social order in which one's identity was largely determined by one's station or degree —and where that station was, in theory, providentially determined and immutable». Cuando ciertos arribistas tomaron por costumbre transgredir estos estrictos códigos para conseguir sus objetivos se produjo una especie de estado de confusión social. A este respecto, Howard recoge el testimonio de Phillip Stubbes quien, en su obra *Anatomie of Abuses* (1583), arremetía contra estos individuos dispuestos a todo con tal de medrar: «there is such a confuse mingle mangle of apparell in Ailgna, and such preposterous excesse therof, as every one is permitted to flaunt it out, in what apparell he lust himselfe, or can get by

que no ha imaginado hacerse.
Quiso saber qué llevaba,
que como el cielo previene
que nada puede ocultarse,
aunque él sabe que inocente
estoy en aqueste caso,
quiso que en mis manos viese
calificado el delito
cuando el alma echar no puede.
Abriola, y halló, ¡ay de mí!,
de Enrique, infelice suerte,
la imagen en el cadáver
vuelta a su primera especie.
Clotaldo en fin, ¡ah, traidor!,
del suceso muy alegre,

anie kind of meanes. So that it is verie hard to knowe, who is noble, who is worshipfull, who is gentleman, who is not». Recuérdese, por último, cómo en la Jornada segunda cuando Becoquín y Federico aparecen vestidos de ganapanes se ven forzados, para mantener el engaño, a emplear un registro de lenguaje y unos modales muy determinados. Además, esos trajes animarán a Manfredo a solicitar su ayuda cuando intenta deshacerse del cadáver de Enrique (vv. 1910-1916) e incluso a amenazarles de muerte cuando Federico, por miedo a ser reconocido, intenta eludir la ayuda solicitada. Es precisamente esta misma circunstancia la que obliga a este último a ceder ante dicha amenaza en lugar de haber respondido a ella tal y como hubieran requerido las normas del honor (vv. 1921-1927). Comp. con el arranque de *La dama duende*, cuando doña Ángela solicita ayuda a don Manuel asumiendo (tal vez irónicamente, pues aparece en escena «de camino») que este no podrá negarse a ello de acuerdo al atuendo que viste: «Si, como lo muestra el traje, / sois caballero de obligaciones y prendas, / amparad a una mujer / que a valerse de vos llega» (p. 8, vv. 100-104).

v. 2140 *primera especie*: creemos que mediante esta expresión se está designando a un estadio inanimado anterior al ser que es necesario entender en relación directa con la potencia y que no necesariamente habría que identificar con la muerte. De hecho, hemos podido hallar en la *Vida, ascendencia, nacimiento, crianza y aventuras* de Diego de Torres Villarroel la expresión «tercera especie» con el más que probable sentido de «la muerte». En la edición de la obra preparada por Guy Mercadier (Madrid, Castalia, 1972, p. 164, nota núm. 168), este aporta como argumento favorable a esta interpretación un texto obtenido de una obra titulada *Último sacudimiento de botarates* en el que se dice: «era yo pobre de los de tercera especie, y desamparado de cuarta anatema». Por su parte, Dámaso Chicharro, en su edición (Madrid, Cátedra, 1980, p. 213, nota núm. 102), duda al respecto y alega que en otros contextos la misma expresión «hace pensar que no se trata de ello [la muerte], sino de "otro estadio más avanzado en la evolución de la enfermedad"».

por ocasiones que callo,
me confirmó delincuente
no solo de esta desdicha,
mas de que quise atreverme
a matar al Duque, y bien
sabe él quién en esto miente.
Pero si de las supremas
causas las segundas prenden
y el cielo por sus juicios,
que investigar no conviene,
quiso que en ajenas culpas
propias penas redimiese,
yo estoy contento, Manfredo,
pues no hace dura la muerte
la pena, sino la culpa,
y así, quien ninguna tiene,
aunque con el vulgo muera
infamado, alegre muere,
pues morir por la verdad
es la más felice suerte.

MANFREDO Sabe Dios cuánto me pesa
que este agravio quiere hacerle
hoy el Duque a mi valor,
pues demás de que inocente
sé que morís, sois mi amigo.

FLOR (¡Ay Dios, quién hablar pudiese!
Mas el callar no es valor
cuando así el honor se ofende.)

MANFREDO Venid, Federico.

FEDERICO Vamos.

MANFREDO El cielo, amigo, os consuele.

FEDERICO * Él mi inocencia defienda.

Vanse.

FLOR Y él tan gran traición revele.
¡Ay de mí! Si las desdichas

repeso y número tienen,
y conforme los sujetos
da el cielo males y bienes,
¿cómo en mis males ordena
que unos con otros se encuentren?
Si es fuerza salir un cuerpo
* para que el cristal se llene
de otro, ¿cómo estando llena
un alma otros caber pueden?
Pero como en la constancia
es mi valor tan valiente,
así los males se miden
con el sujeto que tienen.
Pues no tengo que rendirme
siempre amante, firme siempre,
escollo expuesto a las olas,
* roca firme a sus vaivenes,
ha de hallarme la fortuna
viva y muerta eternamente.
Ya mi padre habrá cerrado
las puertas y, como suele,
se irá a reposar. Las llaves
he de procurar cogerle
y ver a mi amado esposo
aunque honor y vida arriesgue.

Sale Becoquín.

v. 2176 *repeso y número tienen*: es decir, son físicas y palpables, susceptibles de ser contadas y medidas.

v. 2178 *conforme... bienes*: el concepto de justicia divina caracterizada por una estricta e inexorable ecuanimidad expuesto en estos dos versos aparece compendiado en un buen número de refranes. Sirvan como ejemplo algunos de los recogidos por Martínez Kleiser: «A cada uno da Dios el castigo que merece», «Temprano o tardío siempre llega el castigo», «Quien la hace la paga», «A cada cual, según sus obras», «Acá o allá, cada uno su merecido tendrá» y así un largo etcétera.

v. 2182 *cristal*: metonimia en la que debe entenderse el objeto elaborado de dicho material. Recuérdese lo anotado en el v. 303.

v. 2199 *esposo*: «el hombre y mujer que se han dado palabra de casamiento, sea de presente o futuro» (*Aut*).

BECOQUÍN De esperar, desesperado
★ he venido a resolverme
a aguardar aquí a mi amo,
centro solo donde suele,
como del imán traído,
hallarse naturalmente.

FLOR ¿Quién es?

BECOQUÍN Bueno.

FLOR ¿Becoquín?

BECOQUÍN ¿Tan poco mi amor te debe
que agora me desconoces?

FLOR Antes, para conocerte,
lince suele hacerse el alma
como estrella que precede
las luces del sol que adoro.

BECOQUÍN Ya ocaso soy donde mueren.
¿Has visto acaso a mi amo?

FLOR Acaso no puedo verle,
muy de propósito sí,
que de propósito quieren
los cielos que muera yo.

BECOQUÍN ¿De qué manera?

FLOR No aprietes
las cuerdas a mi tormento.
Pero ven si verle quieres

v. 2207 *Bueno*: creemos que esta respuesta de Becoquín podría ser una variante de la fórmula de saludo «señor bueno», habitual en el ambiente rústico para mostrar respeto cuando se desconocía bien el nombre propio de la persona en cuestión, bien el tratamiento adecuado que se debía usar con ella. En su edición de *Don Quijote* (Madrid, 1928, vol. V, p. 26, nota núm. 7), Rodríguez Marín comparaba esta expresión con el «buen hombre» de nuestros días. Por otra parte, y dado el contexto en el que se produce y la idiosincrasia del propio personaje, no podemos descartar la posibilidad de que la propia cobardía de Becoquín unida al miedo ante los impredecibles efectos que la detención de su amo puedan acarrearle le impelen a emplear una fórmula en la que dejaba bien patente, ante la persona desconocida, su naturaleza inofensiva.

cargado el cuerpo de hierro,
si el alma de penas fuertes.

BECOQUÍN ¿Que está preso?

FLOR Preso está
en esa torre, y de suerte
que no sé si saldrá vivo.
Mas sí saldrá, aunque mil veces
muera yo.

BECOQUÍN ¿Encontrole el Duque?

FLOR Y en trance, amigo, tan fuerte,
que confirmó sus sospechas.

BECOQUÍN Plega al cielo que por verle
no me aprieten las agallas
como a muchos acontece.

Vanse y salen el Duque y Clotaldo.

CLOTALDO Digo que será mejor, [redondillas]
por ser del pueblo querido,
que en la cárcel, sin rüido,
pruebe, señor, tu rigor,
porque del vulgo adorado,
y aunque voz de Dios le llaman,
tal vez su deidad infaman
cuando juzga apasionado.
Y así, si quieres hacer

v. 2231 Martínez de Mora añade aquí dos versos inexistentes en las demás versiones: «Mas bamos, que ya pareze / que está la casa en silençio».

v. 2234 *no me aprieten... acontece*: inquietante comentario en el que Becoquín deja patente su temor, como ya notamos con anterioridad, ante las negativas consecuencias (habituales, como se trasluce por el comentario «como a muchos acontece») que pueden conllevarle sus vínculos con un Federico caído en desgracia.

v. 2240 *voz de Dios le llaman*: referencia al aforismo «voz de pueblo, voz de Dios», «la voz del pueblo es voz de Dios» o «*vox populi vox Dei*», en su versión latina (Correas). El *Diccionario de Autoridades* explica el dicho en los siguientes términos: «Refrán que enseña que el convenir comúnmente todos en una especie es una evidente prueba de su verdad o certidumbre, fundada en la imposibilidad moral en convenirse todos en ella sin especial providencia».

información de su vida,
al que hoy prendes homicida,
libre mañana has de ver.

DUQUE
Mucho mi amor le disculpa,
pues siempre conocí en él
alma noble en pecho fiel.

CLOTALDO
Si halla disculpa su culpa
en ti, ¿quién le ha de culpar?
También yo abonarle quiero,
* pero temo que el acero
que allá no pudo emplear,
de luto y llanto no vista
este miserable estado.

DUQUE
(Él aprieta demasiado,
fiera y horrible conquista.)
Ve, dile a Manfredo...

CLOTALDO
¿Qué
* mandas, señor, que le diga?

DUQUE
(¡Ah, envidia, fiera enemiga!)
Dile pues...

CLOTALDO
¿Qué le diré?

DUQUE
Dile, en fin...

CLOTALDO
¿Qué, señor?

DUQUE
Nada.
(¡Ah, cielos, qué gran rigor!)

CLOTALDO
¿Qué he de decirle, señor?

DUQUE
Dirasle... (¡Ah, fortuna airada!)

CLOTALDO
(Bien de mis dichas dudé.)

DUQUE
Dile, pues, que a Federico
(¡qué mal a postrar me aplico

v. 2244 *información*: «cualquier averiguación que se hace para saberse la verdad» (Cov.). Es decir, 'pesquisas' o 'indagaciones'.

v. 2252 *abonar*: «acreditar o calificar de bueno». «Salir por fiador de alguno, responder por él» (*DRAE*).

la hechura que levanté!),
dile que allá en la prisión,
le dé un garrote. (¡Ay de mí!)

CLOTALDO Harelo, señor, así.

Vase.

DUQUE ¡Qué terrible es la pasión
que aqueste siempre ha mostrado
contra Federico! Y yo,
si el alma no se engañó,
de ella misma he confirmado
que está de todo inocente.
¡Qué hombre de tan gran valor!
¡Qué ofendido el ofensor!
Honrado como valiente,
sufre sin mostrarse airado,
y en medio de tanta injuria
sabe refrenar su furia.
Pacífico y reportado
muestra, como por cristal
a donde el sol reverbera,
★ que a pesar de envidia fiera
goza alma noble y leal.
Hoy la postrera experiencia
de su lealtad he de hacer
para poder convencer
la ambición con la inocencia.
A velle a la cárcel voy,
porque de esta vista infiero,
pues me llaman Justiciero,
que ha de ser juzgado hoy.

Vase y salen Federico, Flor y Becoquín.

FEDERICO Ya no por cárcel, por cielo
podré esta torre tener

v. 2270 *hechura*: «la acción de formar o ejecutar alguna cosa» (*Aut*). En nuestro caso, el Duque se refiere al proceso que decidió iniciar contra Federico y ante el que, a cada momento que transcurre, se muestra más dubitativo.

pues te merecí de ver.
Ya ningún daño recelo,
que si la muerte temí,
no fue, bellísima Flor,
temerla por su rigor,
sino por quedar sin ti,
aunque si las almas son
eternas, podrá la muerte
privarme del bien de verte,
no de tu dulce prisión.
Que si eterna has de vivir
y eterno he de ser también,
no priva de tanto bien
la desdicha del morir.
Pues si los cuerpos divide
quedando ausentes las almas,
nuevos laureles y palmas
a mis dichas apercibe.
Pero mal, mi bien, empleo
un tiempo tan deseado,
pues con penas he mezclado
las glorias que ya poseo.
¿Cómo estás, mi bien?

FLOR ¿No has visto [romance é-o]
cuando, entre rosados velos,
busca el sol nuevo horizonte
dejando en nuestro hemisferio
* los aires en negro asombro,
la tierra en mudo silencio,
los animales confusos,
* cubierto de horror el cielo,
hasta que vuelve a dorarlo
* con nuevas madejas, siendo
si su ausencia muerte a todo,
* vida y ser su nacimiento?

v. 2330 *horror*: 'consternación', 'pesadumbre'. Martínez de Mora modifica la última palabra, que podría haber sido «cuello», a «zielo» y añade al margen dos versos inexistentes en el resto de versiones: «donde todos son espantos, / donde todo es sonbra y miedo».

Pues si así el alma, que vive
★ ausente de los reflejos
que de la luz de tus ojos
comunica, ausente de ellos
muere a todas sus potencias,
muere a todo sentimiento,
hasta que vuelve a gozar
★ de tu vista rayos nuevos.

FEDERICO
¡Ay, Flor del alma! Ya flor
de verde y caduco almendro,
que por vestirle temprano
nunca dio fruto a su dueño.
Si fui tu sol y te dio
verdor lozano mi aliento,
hoy será fuerza gozarte,
★ pues son mi ocaso estos hierros.
¡Ay, Flor!

FLOR
No llores, bien mío,
que si soy tu flor, yo espero
verte presto renacer
con esplendores febeos,
siendo en tus muertas cenizas
★ el fénix tú de ti mesmo,
sirviendo aquestas cadenas
de secos ramos sabeos,
repitiendo siempre vidas,
inmortal contra los tiempos.

v. 2345 *vestirse*: «cubrirse los campos de hierba, los árboles de hoja, etc.» (*Aut*).

v. 2350 *hierros*: recuérdese que al comienzo de esta Jornada tercera (en la acotación tras el verso 2004) se indicaba que Federico aparecía en escena encadenado.

v. 2358 *sabeos*: originarios o pertenecientes a la región de Saba, hoy en Etiopía.

v. 2360 *yo espero… los tiempos*: dentro de la desesperación que le produce a Flor la terrible e inamovible suerte que a todas luces le espera a Federico, intenta buscar consuelo espiritual en el ciclo vital de uno de los animales mitológicos por antonomasia: el ave fénix. A pesar de las variantes que puede presentar la historia (mencionada ya por Heródoto y Plinio el Viejo), la más extendida es la que muestra a un ave originaria de Arabia que, tras completar una existencia de unos quinientos años, prepara su propia pira funeraria donde se incinerará, usando el poder de los rayos del sol, para volver a renacer de sus propias cenizas. La leyenda fue adoptada muy pronto por los Padres de la Iglesia,

BECOQUÍN Lo habéis tan bien discurrido
que a interromper no me atrevo
tan bien sentidos pesares.
Mas, ¡ay!, la puerta han abierto.
Tu padre viene.

FLOR No importa,
que con su licencia vengo.

**Sale Manfredo con una cesta.*

MANFREDO Siempre es noble la piedad.
Hija.

FLOR Señor.

MANFREDO Vete presto,
porque he visto de la corte
venir gente, aunque de lejos,
por si es recado del Duque.

FLOR Solo tu gusto deseo.
Adiós, señor Federico.

FEDERICO Págueos, bella Flor, el cielo
esta piadosa visita.

BECOQUÍN Adiós también, pues no puedo
asistir a tus prisiones.

Vanse.

FEDERICO El deseo te agradezco.

MANFREDO Sentaos y comé un bocado,
* Federico, que yo espero

que la emplearon como parábola con la que ilustrar a las masas iletradas el concepto cristiano de la resurrección de la carne. En Europa tuvo una enorme difusión gracias a los bestiarios medievales que siguen, casi en exclusividad, la versión recogida en el siglo II de nuestra era en el libro conocido como *Physiologus*.

v. 2362 *interromper*: como ya hemos visto en otras ocasiones, las intervenciones de Becoquín a veces suponen un contrapunto cómico (potenciado, en este caso, por el solecismo) que busca aliviar un poco al público de la enorme carga dramática de escenas como esta.

v. 2379 *comé*: «el imperativo *cantad*, *tened*, *salid* alternada con *cantá*, *tené*, *salí*, y con algún arcaísmo *erguide*, *amade*» (Lapesa, 1981, pp. 393-394 § 96.1). Respetamos, por consiguiente, como hemos hecho ya en otros casos (ver la forma «Tené» del v. 1917), la

veros libre, porque son
las cóleras de los dueños
tempestades que en un hora
muestran el cielo sereno.

FEDERICO ¡Ay, mi Manfredo! ¡Ay, amigo!
Si lo decís por consuelo,
yo lo agradezco.

MANFREDO Comed.

FEDERICO No podré.

MANFREDO Pues, por lo menos,
bebed y confortaréis
el estómago.

FEDERICO No tengo
sed.

MANFREDO ¡Bebed, por vida mía!

FEDERICO Por el juramento bebo.

Bebe.

MANFREDO Pues adiós, porque no es bien
que me encuentren acá dentro
si son ministros del Duque
los que vienen.

FEDERICO Solo espero,
después del cielo, en tus manos.

MANFREDO Cree que tu bien intento.

Vase y salen Flor y Clotaldo.

FLOR Para darle de comer, [redondillas]
como su alteza ha mandado,
en este punto ha bajado
él solo.

vacilación gramatical que se producía con el uso del imperativo y que, por otra parte, quedará perfectamente subrayada solo unos versos más tarde (vv. 2387 y 2389).

v. 2382 *dueño*: «el que es amo o señor de otro» (*Aut*). En esta ocasión, claro, la referencia es al Duque. Ver también el v. 2570.

CLOTALDO Quiérole ver,
que hay nuevo orden.

FLOR No será,
viniendo por vuestra mano,
muy piadoso. (¡Ah, vil tirano!)

CLOTALDO El serlo en la vuestra está
como vos queráis que viva.
Haciendo feliz mi suerte
vivir podrá, aunque a la muerte
traigo orden que se aperciba.

FLOR* Nunca esperé de vos menos.

CLOTALDO* * ¿Qué respondéis, bella Flor?
Si no a mi amor, a su amor
* se lo debéis. Cuando llenos
estos estados están,
que al Duque traidor ha sido,
que en Sajonia le ha vendido,
y que ha muerto a Enrique, dan
mis intentos nuevo medio
* para librarle si vos
me queréis bien.

FLOR Vive Dios,
villano, que si el remedio,
no digo yo de una vida,
pero del mundo, estuviera
en que yo bien te quisiera,
fuera del mundo homicida.
Vete y dale tu recado.
Y dije bien, pues arguyo
que si es de su muerte, es tuyo,
y no de quien te ha enviado
a mi padre, que antes quiero
verle muerto con honor,

v. 2426: Martínez de Mora añade en el margen del Ms cuatro versos no incluidos en ninguna de las otras versiones: «y de mí misma, antes que / un pensamiento, el más lebe, / biera en mi amor un alebe / traidor, ynfame y sin fe».

* que no obligarme al amor
de un falso, de un lisonjero.

CLOTALDO Pues advierte... (Mas aquí
viene Manfredo. Callar
importa y disimular,
que mi negocio hago así.)

Sale Manfredo.

MANFREDO Clotaldo.

CLOTALDO Amigo Manfredo.
El Duque, como confía
de vuestro valor, me envía...

FLOR (Toda el alma cubre un miedo.)

CLOTALDO A que, porque no alborote,
de Federico la muerte...

FLOR (¡Ay, Dios, y qué dura suerte!)

CLOTALDO Le mandéis dar un garrote
* hoy en la prisión. Mas él
viene aquí y os lo dirá.

Sale el Duque.

DUQUE ¿Adónde Manfredo está?

MANFREDO A tus pies.

DUQUE ¡Oh, amigo fiel!
Pues, ¿qué hay del preso?

MANFREDO Señor,
tus órdenes no he excedido.
Por mis manos ha comido
siempre.

DUQUE (¡Tirano rigor!)
Verle quiero.

MANFREDO Voy por él.

Vase.

CLOTALDO Mira, gran señor, que queda
libre como verte pueda
el rostro.

FLOR (¡Ah, bárbaro infiel!)

DUQUE Mis descuidos perdonad,
bella Flor.

FLOR Dame tus pies.

DUQUE Con quien vuestro hermano es
con más llaneza os tratad.
Mi padre es el conde y yo
por mi hermana os he tenido.

FLOR Honrar vuestra hechura ha sido.

Salen Federico y Manfredo.

FEDERICO Ya a vuestras plantas llegó,
gran señor, un desdichado
dichoso en haberos visto.

DUQUE (¡Qué mal la piedad resisto!)
¡Despejad!

CLOTALDO (¡Hola! ¡Cuidado!)

⋆ *Vanse Flor y Clotaldo.*

DUQUE Y pues, Federico, ¿qué
descargos, a tantos cargos,
después de tiempos tan largos
como en mi casa os honré
tenéis que dar? Que yo mismo,
mirad cuán grande es mi amor,
por el último favor
de amor, al fin barbarismo,
los quiero de vuestra boca
⋆ oír. Decid, proponed,
y de mi piedad creed
esto.

v. 2464 *hechura*: en esta ocasión, el término hace referencia a la 'dignidad' y 'nobleza' propias del Duque que la etiqueta cortesana obliga a Flor a respetar de forma manifiesta.

FEDERICO
Y a esta sola invoca
este triste desvalido
de la fortuna y de vos,
aunque muy bien sabe Dios,
señor, que no os he ofendido.

DUQUE
A los tratos de Sajonia,
¿qué decís?

FEDERICO
Que de mi vida,
siendo yo mismo homicida,
sea última ceremonia
ser de todos blasfemado
como el traidor más aleve,
si el pensamiento más leve
de mi parte os ha agraviado.

DUQUE
Y, ¿en el quererme matar
en la caza?

FEDERICO
Ya el honor
es quien me fuerza, señor,
si me forzaba callar
mi valor, a que publique,
aunque con ajena culpa,
la verdad en la disculpa.

DUQUE
¡Válgame Dios! Y de Enrique,
muerto por vos, pues hallado
fue en vuestros hombros, ¿quién duda
que queda la lengua muda
como el ánimo postrado?

FEDERICO
Carlos, duque de Borgoña, [romance á-a]
de Austria generosa rama,
descendiente del que puso

vv. 2509-2510 *descendiente... Austria*: en sentido estricto, la genealogía de la dinastía Habsburgo-Borgoña, que en España fue conocida como Casa de Austria, puede retrotraerse hasta el emperador Carlomagno, que creó Austria como una marca (la Marca Oriental u *Ostermark*) destinada a proteger sus territorios de los ataques de los pueblos

su estoque en la Casa de Austria,
ya es tiempo que mis verdades
puertas al silencio abran
y lisonjeros cobardes
descubran fingidas caras.
* Ya sabes con la lealtad
que te serví veces tantas,
ya en la paz y ya en la guerra,
dando plumas a la fama,
y que mi sangre no debe
a la mejor de Alemania
nada. Pues, óyeme agora,
verás que lo son del alma.
En esta ciudad que inunda,

bárbaros de Europa oriental. La primera dinastía de gobernantes de dicha demarcación serían los Babenberg, uno de cuyos sucesores, Federico Barbarroja, la convirtió en ducado. Sería en el año 1246 cuando, fallecido Federico II, se pondría punto y final a la hegemonía de dicha familia y, tras un interregno de casi tres décadas, en 1273 Rodolfo de Habsburgo toma posesión de la zona bajo los títulos de rey de Romanos y emperador. Creemos, por consiguiente, que es Carlomagno el ilustre ascendiente de la Casa de Austria al que se está refiriendo Federico en estos versos para destacar, precisamente, la gloriosa historia de la misma.

v. 2510 *puso su estoque*: 'instaurar,' 'fundar'. Se está haciendo referencia al denominado «estoque real» que es «una de las insignias de los reyes y emperadores que en las grandes y solemnes funciones se lleva desnudo delante de la Persona Real y significa la potestad y justicia» (*Aut*).

v. 2518 *dando plumas a la fama*: Es decir, ayudando a alimentar o acrecentar la gloria y prestigio del Duque. Aunque el término «plumas» puede estarse empleando con el valor metonímico de 'testimonio escrito' de las hazañas y grandezas del Duque, no podemos olvidar que, como ya anotamos en su momento (ver la nota al v. 1513), la tradición había imaginado a la Fama como un ser alado.

v. 2522 *lo son*: se refiere a las «verdades» mencionadas en el verso 2511.

v. 2523 *esta ciudad*: no parece tarea fácil ubicar geográficamente la acción de la obra al intentar armonizar la realidad histórica y la información aportada por Federico en los versos siguientes (vv. 2523-2526). La Casa Ducal de Borgoña tenía su sede y palacio en la ciudad de Dijon y todo parece indicar que los hechos transcurren allí ya que, al ser desterrado Federico, el Duque le ordena explícitamente que abandone su corte (vv. 256-257), donde se supone que se encuentran. Sin embargo, esta ciudad, en contra de

más que con líquida plata,
el gran Danubio con sangre
de enemigos en su infancia,
en competencia serví
a una bellísima dama,
(si tan noble como hermosa,
* tan prudente cuanto honrada),
de esa esfinge, ese Clotaldo,
mas con fortuna contraria,
pues le despreciaba a él
al paso que a mí me amaba.
Sucedió lo de Sajonia,
el traerte aquellas cartas,
el guante de desafío,
el perder por él tu gracia
y, al fin, el ir desterrado,
si es el ausencia, en quien ama,
muerte civil que los cuerpos

las palabras pronunciadas por Federico, no se encuentra en el curso del río Danubio que nace mucho más al este en la vertiente oriental de la Selva Negra. Sorprende aún más la precisión con la que Federico parece referirse a un lugar concreto, ya que el sustantivo «infancia» referido al río parece señalar a alguna población localizada en el curso alto del mismo, cerca de su manantial. Las más importantes de este sector son las ciudades de Ulm, Neuburg, Ingolstadt y Regensburg (Ratisbona), ninguna de ellas, que sepamos, con un vínculo tan directo y estrecho con la Casa de Borgoña como el que se pudiera inferir por estos versos. Desde el punto de vista de la estricta verosimilitud argumental, la cosa se complica aún más si aceptamos que en el v. 1496 se alude a un lugar concreto de la geografía madrileña como guiño metaficcional dedicado al público que presenciara la representación en los corrales de comedias de la Villa y Corte. Pero como indicamos allí, lo lógico sería pensar que en una obra protagonizada por un miembro egregio de la rama austriaca de los Habsburgo en la que, además, se menciona al Danubio, se asumiera de forma inconsciente que la acción transcurre en la sede de su corte, esto es, en la ciudad de Viena.

v. 2527 *servir*: «[...] cortejar o festejar a alguna dama solicitando su favor» (*Aut*).

v. 2531 *esfinge*: este monstruo fabuloso, considerado tradicionalmente como un símbolo del engaño, era conocido principalmente por el episodio mitológico en el que Edipo resuelve su enigma y libera a la ciudad de Tebas de su plaga.

v. 2541 *muerte civil*: las dos acepciones que de esta expresión contempla el *Diccionario de Autoridades* podrían adecuarse bien a nuestro contexto. Por una parte, se dice que este concepto «[...] es la mutación de estado, por la cual la persona en quien acontece se contempla en derecho, para en orden a efectos legales, como si no fuera, ya se tome en

perdona y las almas mata.
Tú, señor, lo considera
si acaso de veras amas,
pues este tirano imperio
* se extiende a fieras y plantas.
* Partime, y a mi criado,
diciendo donde esperaba,
orden di que aquella noche
la calle y puertas rondara
de mi dama. Al fin, lo hizo,
cuando mudable o ingrata,
o quizá, como ella dice
y es lo cierto, desdichada,
* ocasiona su hermosura
que un galán con una escala,
no sé que Clotaldo fuese,
si bien lo revela el alma,
escaló por un balcón
la fuerza más soberana
que puso el cielo en la tierra,
de armas de honor pertrechada,
tanto, que a bajar le obliga
mentidas sus esperanzas.
Esto me estaba contando
mi criado cuando a caza
llegaste a la misma parte
a donde yo le aguardaba.
Escondime, que el respeto
del dueño tiene por sacra
ceremonia un pecho noble.
Recostástete en la falda

buena parte, como en el que del estado secular pasa al religioso, o ya en mala, como en el libre que cae en la esclavitud y en el que siendo honrado se hace infame por delito que le sujeta a castigo afrentoso». Asimismo, bien podría entenderse también como «[...] la vida miserable y trabajada con pesadumbres o malos tratamientos que provienen de causa extrínseca y van poco a poco consumiendo las fuerzas del sujeto» (*Aut*).

v. 2564 *mentidas*: 'desengañadas', 'desalentadas', 'frustradas'.

de aquel apacible monte,
y de allí a poca distancia
vi que sacaba el traidor
para matarte la daga.
Salí a librarte, aunque tú
o mi desdicha me paga
mal esta acción, que infelices
con los servicios agravian.
Volvía bien disfrazado
por desmentir asechanzas.
(¡Válgame el cielo! ¿Qué es esto?
¿Qué confusiones? ¿Qué bascas
siente el pecho?) Al fin, señor,
(¡Jesús, el alma se arranca!),
encontré un hombre cargado
de aquella infelice carga,
que como me vio vestido
de estas pobres antiparas
(¿qué es esto, cielos?), me obliga
a que la caja le traiga.
Yo, por no ser conocido,
no resistí. Tú rondabas,
me encontraste, aquí preso
me enviaste. (¡Fuego exhala
el corazón! ¡Cielos, muero!)
Sirvan de tumba tus plantas
al cuerpo más infelice,
concha de la mar preciada,
perla que el honor vincula
en sus vividoras aras.

v. 2584 *bascas*: «Las congojas y alteraciones violentas y penosas que padece el pecho cuando el estómago repugna admitir algo que le provoca a vómito o cuando interiormente por otro algún accidente se inquieta y apasiona con náusea y angustia» (*Aut*). Aunque el público aún no lo sabe, ya que lo declarará Manfredo en el tramo final de la obra, Federico comienza a sentir los efectos del narcótico que secretamente le ha administrado aquél en la bebida que le obligó a tomar con anterioridad (vv. 2388-2392).

v. 2590 *antiparas*: «[...] cierto género de medias calzas o polainas que cubren las piernas y los pies solo por la parte de adelante» (*Aut*).

¡Todo el cielo sea conmigo!
¡Jesús, valedme!

Cae en sus brazos.

DUQUE
Él te valga.
¿Viose caso más horrendo?
¿Que una pena imaginada
baste quitarle la vida
a un hombre de prendas tantas?
¡Hola, Clotaldo! ¡Manfredo!

Salen los dos.

CLOTALDO
Señor.

MANFREDO
Señor, ¿qué nos mandas?

DUQUE
Dad al cuerpo sepultura,
pues reina en el cielo el alma.

MANFREDO
(Bien obró el vino.) ¿Qué es esto,
señor?

DUQUE
Con mortales ansias
luchando, en mis brazos muerto
se ha quedado. Al punto le hagan
sus obsequias.

MANFREDO
Al fin puedo
llevarle a enterrar.

DUQUE
Y tanta
pena siento, que a poder
darle vida y a mi gracia
restituirle, lo hiciera.

MANFREDO
Yo voy a hacer lo que manda
Vuestra Alteza.

Vase.

DUQUE
Ven Clotaldo,
(Agora solo me falta

v. 2617 *obsequias*: «lo mismo que 'exequias'. Es voz muy usada aunque menos conforme a su origen» (*Aut*).

comprobar esta verdad
con este traidor.)

CLOTALDO (Hoy canta
vitoria mi pretensión.
Quiero buscar quien me haga,
dándole a Carlos la muerte,
señor de la Casa de Austria.)

Vanse y sale Flor y Flérida.

FLÉRIDA A aquesto, al fin, he venido, [redondillas]
que será felice suerte
hacer honrar con su muerte
a la que dio a mi marido.

FLOR Puesto que justa esperanza
fuera, siendo así verdad,
no quiere el cielo piedad
que se ofrece con venganza.
Si Federico mató
a Enrique, aunque es caso incierto,
¿qué consuelo es verle muerto?
Que aunque la ley esto dio
por castigo al homicida
y ella satisfecha quede,
la que le perdió no puede
de una muerte sacar vida
para su difunto esposo.
Y así, amiga, yo te ruego
no hables al Duque, que un fuego
sacar otro no es forzoso.

Sale Becoquín.

BECOQUÍN ¿Viose desdicha mayor?

FLOR ¿Qué ha sido?

BECOQUÍN Tu padre lleva...
No es posible que me atreva
a decirlo de dolor.

FLOR ¿A quién lleva?

BECOQUÍN A Federico.
FLOR ★ ¿Dónde?
BECOQUÍN A dalle sepultura.
FLOR ¡Triste nueva! ¡Suerte dura!

Cae sobre almohada o silla, si hay.

FLÉRIDA ¡Repórtate, te suplico!
¡Vuelve en ti, Flor! ¡Ay de mí,
que pienso que ella también
murió!
FLOR ¡Ay Dios, muerto mi bien
★ y viva yo!
FLÉRIDA ¡Vuelve en ti,
Flor hermosa!
FLOR Dime, amigo,
¿diéronle garrote?
BECOQUÍN No,
de sentimiento murió
de perderte.
FLOR ¡Ay enemigo
hado!
FLÉRIDA Retírate un rato
y descansa.
FLOR No le habrá
★ descanso en mi pecho ya.
¡Ah, Clotaldo! ¡Ah, Duque ingrato!
¡Ah, cielo cruel!
FLÉRIDA No prosigas,
aunque es justo el sentimiento.
FLOR No le muestro, pues no siento
mi propia muerte. ¡Ay, amiga!
FLÉRIDA Ayúdale cómo pueda
venir a su cuarto.

BECOQUÍN — Ten.

FLOR — ¡Ay de mí! Muerto mi bien,
¿para qué vida me queda?

Vanse y sale Clotaldo con tres valientes.

CLOTALDO — Como digo, en este puesto
los tres habéis de esperar,
porque aquí sale a cazar
el Duque.

[VALIENTE] 1 — Ya está dispuesto
todo como has ordenado.

CLOTALDO — Retiraos, pues que ya viene.

[VALIENTE] 2 — Ya todo hombre se previene
al caso.

CLOTALDO — Amigos, cuidado.

Sale el Duque.

DUQUE — No me deja el pensamiento
de caso tan asombroso
reposar. Mas, ¿qué reposo
* he de hallar en tal tormento?
Clotaldo está aquí, y aquí,
pues me da el sitio lugar,
hoy tengo de averiguar
lo que a Federico oí.
¡Saca la espada, traidor!

CLOTALDO — ¿Señor?

DUQUE — ¡Sácala, villano!

CLOTALDO — Repara...

DUQUE — ¡Aleve, tirano
de mi amor y de mi honor!

v. 2676 *Ten*: con valor reflexivo.

v. 2678a *valiente*: «Usado como substantivo, se toma también por lo mismo que valentón o baladrón» (*Aut*).

v. 2685 *previene*: con valor imperativo.

¡Sácala, digo, o así
te he de matar!

CLOTALDO ¿No sabré,
gran señor, por qué?

DUQUE Porque
* eres un traidor.

CLOTALDO ¡Aquí
amigos, que agora es
tiempo!

[VALIENTE] 1 (Ninguno se atreve
contra tal valor.)

DUQUE ¡Aleve,
no te han de valer los pies!

Síguele.

CLOTALDO (¡Huye, Rodolfo, no vea
el Duque a ninguno aquí!)

Vase y sale retirándose y cae a los pies del Duque.

¡Detén el brazo, ay de mí,
aunque tu rigor se emplea
tan justamente!

DUQUE ¿Emboscada
tienes, traidor, prevenida
y pides que te dé vida?

CLOTALDO Ya, señor, es acabada,
ya de muerte estoy herido.
Óyeme, que es acción cuerda,
porque el alma no se pierda,
pues el cuerpo se ha perdido.
Yo, al de Sajonia escribí
* dándole de tus intentos
ardides y pensamientos
noticia. Yo pretendí
en este monte matarte,
como también quise agora.
Y con intención traidora

y pretensión de heredarte,
intenté descomponer
a Federico y a Enrique
maté. No es bien te suplique,
cuando ya no puede ser,
me des la vida. El perdón [décimas]
te pido, y a Dios, que muero.
Él te guarde.

DUQUE ¡Ah, lisonjero,
ya se acabó tu ambición!
No en vano, fiera pasión,
hizo el alma sentimiento
a ejecutar el intento
que el traidor me aconsejó,
que Dios a los hombres dio
este divino instrumento.
Llamar quiero algún montero
que retire a la espesura
este cuerpo. Sepultura
no ha de tener. Justiciero

v. 2727 *descomponer*: «hacer perder la amistad, buena correspondencia y confianza que alguno tenía con otro» (*Aut*).

v. 2740 *divino instrumento*: el Duque se está refiriendo a la razón, entendida, bajo nuestro punto de vista, como una de las pruebas positivas conducentes a demostrar la existencia de un libre albedrío en el ser humano concedido y amparado por voluntad divina.

v. 2744 *Sepultura no ha de tener*: como es bien sabido, el privar a un cadáver de sepultura en un camposanto era un signo inequívoco de deshonra pública ante las acciones cometidas por el fallecido. Dejarlo a merced de los elementos y las alimañas, como en esta ocasión, muestra el vilipendio de que son merecedores los actos llevados a cabo por Clotaldo. Petrarca, en sus *Remedios contra próspera y adversa fortuna*, incluye un diálogo que con el título *De moriente qui metuit insepultus abiici* trata precisamente de este asunto. En él, el personaje alegórico de «El miedo», que conversa con «La razón», muestra una mayor y obsesiva preocupación ante la posibilidad de no ser enterrado una vez muerto que al hecho mismo de morir. El motivo ya fue tratado por Séneca en su obra *De los remedios de cualquier fortuna*, de donde lo tomaría el escritor toscano. Al leer este pasaje no podemos evitar percibir cierta resonancia del modo en el que se recuperó el cadáver de Carlos «el Temerario», duque de Borgoña, congelado cerca de un lago y probablemente devorado por los lobos. Recuérdese lo anotado con respecto al listado de *dramatis personæ*.

me llaman, mostrarlo quiero
hoy aunque digan de mí
que es impiedad. Pero allí
viene Manfredo, él será
quien le retire y dará
venganza a su vista así.

Sale Manfredo.

MANFREDO (Ya es forzoso que haya hecho
efecto el veneno fuerte
que, con amagos de muerte,
de tal suerte abrasa el pecho
que llega al último estrecho
al que le toma.) Este es
el sepulcro.

DUQUE ⋆ Ya a mis pies,
Clotaldo, entre amargas quejas
dio veneno a mis orejas
y al suelo el cuerpo después.
Ya el traidor ha confesado
que mi estado conspiró,
que al de Sajonia escribió,
⋆ que a Federico ha envidiado,
que a Enrique la muerte ha dado,
que a mí me quiso matar,
que te pretendió afrentar
y, a no faltar las razones,
confesara más traiciones
que tiene arenas el mar.
Por probarle en este puesto,
a sacar le provoqué
la espada, y en él hallé
que a nueva traición dispuesto
una emboscada había puesto.
Pero viendo mi valor,
alas le prestó el temor,

vv. 2761-2770 Versos desaparecidos en todas las sueltas descendientes de D28 menos la primera, STD.

y huyendo quedó vengado
mi sobrino, disculpado
★ mi amigo y muerto el traidor.

MANFREDO Ya es tiempo, famoso Carlos [romance í-o]
que el cielo guarde mil siglos,
para premio de lealtades
y de traidores castigo.
Dentro de mi noble casa
dio la muerte el fementido
Clotaldo a Enrique. Esto supe
de Flor, porque él, atrevido,
escalando sus balcones
y hallando allí a tu sobrino,
★ que de Flérida llamado
★ por sus celos había sido,
le dio la muerte, y yo fui
quien por el secreto quiso
darle sepulcro, y topando
disfrazado a Federico
aquella arca le entregué
con quien a tus manos vino.
Hicísteme de él alcaide.
Yo, al fin, como prevenido
de su inocencia, librarle
pretendí dándole un vino,
de suerte confeccionado
que privado del sentido
le dejó en tus manos, donde,
por tu mandado, advertido

v. 2780 Justo en este verso de Ms, Francisco de Rojas añade una nota marginal que dice: «Sale Flor con una daga en la mano. Mírese al fin desta xornada». Y en el lado izquierdo se señala «Ojo». Lo que ha hecho el copista —no el principal del manuscrito, ni tampoco Martínez de Mora, sino una tercera mano— es añadir una escena extra en la que se da relevancia a una Flor que, extrañamente, ya no vuelve a aparecer en las versiones impresas. Ver la transcripción al final del Aparato crítico.

vv. 2781-2784 Versos eliminados en todas las sueltas descendientes de D28 menos la primera, STD.

a que tú segunda vez
me lo mandases, benigno
sepulcro le di. Y agora,
gran señor, había venido
a ver si de aquel beleño
despiertos ya los sentidos
* estaba. Tus plantas son
el sagrado, y este nicho
quien le sirve de sepulcro
y adonde, no sin divino
impulso, diste la muerte
al traidor, como se ha visto.
Esta es la losa.

DUQUE Levanta,
Manfredo, que quiero vivo
ver al que lloré difunto.

Dicen dentro.

MANFREDO ¡Federico! ¡Ah, Federico!

FEDERICO *Dentro*. ¿Quién me llama?

MANFREDO Quien te ha dado
nuevo ser.

Sale Federico.

FEDERICO ¡Cielos! ¿Qué miro?
Señor, ¿vos aquí? ¿Qué es esto?

v. 2811 *beleño*: planta perteneciente a la familia de las solanáceas que produce unos efectos fisiológicos muy similares a los de la belladona. Estos son mucho más acusados en el beleño negro (empleado con usos medicinales) que en el blanco. El envenenamiento es muy raro si, tal y como sucede en nuestra obra, se toma su extracto a través de una bebida. Sin embargo, si se ingiere la planta directamente puede provocar un coma y la muerte. Tal y como vemos que le sucede a Federico, los efectos que produce la intoxicación por esta planta incluyen las náuseas, los vómitos, la alteración de la visión y del ritmo cardio-respiratorio y las convulsiones. Sobre la fortuna literaria de distintos venenos y pócimas en el Siglo de Oro, ver Zugasti, 2016.

v. 2814 *sagrado*: «metafóricamente significa cualquiera recurso o sitio que asegura de algún peligro aunque no sea lugar sagrado» (*Aut*).

DUQUE
Dame los brazos, amigo,
que ya los cielos publican
tu lealtad.

FEDERICO
Por tan divino
favor les rindo mil gracias.

DUQUE
Mira allí el cadáver frío
de tu enemigo, a mis manos
muerto por divino instinto.
Yo te reduzco a mi gracia
y doy las rentas y oficios
del traidor.

FEDERICO
Mayor merced,
señor, a tus plantas pido.

DUQUE
Pídeme lo que quisieres.

FEDERICO
Mis penas y mis peligros
daré por bien empleados
como engaste el cristal fino
de la bella Flor mi mano,
pues parte en ellos ha sido.

DUQUE
Yo, de mi parte, lo otorgo.

MANFREDO
Yo le recibo por hijo,
heredero de mi casa.

DUQUE
Y tengan con un castigo
fin tan justas tres venganzas:
mía, tuya y la de Enrico.

FIN

v. 2845 En Ms aparecen añadidos al margen dos versos de mano de P977, que deben insertarse después de este verso, pertenecientes al parlamento de Manfredo: «Flor – y io tanbien confirmo [/] lo tratado entre los dos». Este añadido confirmaría la presencia de Flor en el tablado en el desenlace final de la obra con la inclusión de la escena de la daga o sin ella.

APARATOS CRÍTICOS

Abreviaturas de los testimonios

B	*Qvinta parte de comedias de D. Pedro Calderón de la Barca, cavallero de la Orden de Santiago*, en Barcelona, por Antonio la Cavallería, 1677.
D28	*Parte veynte y ocho de comedias de varios autores*, en Huesca, por Pedro Blusón, 1634[1].
M	*Qvinta parte de comedias de D. Pedro Calderón de la Barca, cavallero de la Orden de Santiago*, en Madrid, por Antonio Francisco de Zafra, 1677.
Ms	*Comedias varias*, Vol. II, British Library Ms. ADD_33472, firmado por Diego Martínez de Mora, sin fecha, letra del siglo XVII [*c.* 1629-1636].
VT	*Novena parte de comedias del célebre poeta español, don Pedro Calderón de la Barca, cavallero del Orden de Santiago, que nuevamente corregidas, publica don Juan de Vera Tassis y Villarroel*, en Madrid, por Francisco Sanz, 1691.

Títulos

VN CASTIGO EN TRES VENGANZAS. / COMEDIA FAMOSA / *DE DON PEDRO CALDERON.* /] LA GRAN COMEDIA. / UN CASTIGO / EN TRES VENGANZAS. / *DE DON PEDRO CALDERON* / *de la Barca.* VT

[1] Este es el testimonio conocido como *Diferentes*.

Reparto

	HABLAN EN ELLA LAS PERSONAS SIGUIENTES.] PERSONAS QUE HABLAN EN ELLA VT
	[En dos columnas]
[Col. 1ª]	*Federico galan. / Enrique. / Clotaldo. / Duque de Borgoña. / Manfredo viejo. / Becoquin.*] *Federico, galàn. / Enrique. / Clotaldo. / Carlos, Duque de Borgoña. / Manfredo, viejo. / Becoquin.* VT
[Col. 2ª]	*Flor Dama. / Flerida. / Laura criada. / Floro vejete. / Dos Monteros. / Vn criado del Duque.*] *Flor, Dama. / Flerida, Dama. / Laura, criada. / Floro, vejete. / Dos Monteros. / Vn criado del Duque.* VT

Texto de la Comedia

Acot. inic.:	*Salen el Duque, Enrique, de camino, Manfredo, Federico, y Clotaldo.*] *Sale Enrique en trage de camino, y Manfredo, Federico, Clotaldo, y el Duque.* VT
16a	*un papel*] *vna carta* VT
21	mi enemigo dice] dize mi enemigo VT
22a	*Lee para sí.*] *Lee para si, como admirandose.* VT
43	daré con la omisión] dara con la omision Ms
50	suspira] supiera D28
55	afecto] effecto Ms.
72a	D28, Ms, VT añaden *Aparte.*
72	Man. (*Lee*)] *Lee Manf.* VT
	Texto en prosa: he sido de que] he sido que B, M, VT
	prenderle en el camino] prenderle en el campo Ms
	a ajena] agena Ms
	proprio] propio B, M
74	Clotaldo Yo estoy muerto.] Ms añade *Ap[art]e*
75a	Ms. añade una segunda *Ap[art]e* en la margen entre los vv. 74 y 75 que podría aplicarse al v. 74, o bien a las disquisiciones del Duque del v. 75 hasta la primera mitad del v. 90.
78	queda del suceso] del sucesso queda VT
80	Clotaldo se suspende] Clotaldo ſe entristeze M, VT
88	contraria, admiración] constancia, admiracion VT
92	secreto] efeto D28, B, M; efecto VT
100	con salud] verso *om.* Ms; la edad VT
100-113	versos *om.* en Ms
104	son] tan D28; verso *om.* Ms
114	porque ya] porque yo D28
125	constante] costante D28, B

147	a otro] a otros Ms
155	su muerte] tu muerte VT
158	homicida] homicidia D28
160	el efecto] el afecto D28
161	la carta] la cara B, M
167	y su patria] y á su patria VT
169	verle] verse Ms
176	intentos] affectos Ms
186	tienen] tiene B, M, VT
192	proprio] propio B, M, VT
195-196	es noble / y muy digno] es / noble y digno D28, B, M, VT. Esta división de los versos deja incompleto el v. 195, corregido en Ms por su división y la adición de «muy»
207	al duque] el Duque D28
220	y necio] y *om.* VT
221	hiciera] yo hiziera VT
235a	*Toma el Duque el guante*] *om.* D28, B, M, VT
254	les consta] le consta M
259	cadalso] cadahalso VT
274	sospechas de mí que puedo] pueda B, M; de mi sospechas, que puedo VT
284	de estos] de los M
296	clamar] aclamar VT
310	concepto] cercepto B; tercepto M
323	no no me lo digas] no me lo digas D28, Ms
326	recipe] recibe D28, B, M.
329	bajes] vayas VT
330	a los jardines, que abiertos] que los jardines auiertos Ms
346	hallarlas] hablarlas D28, Ms (tacha y modifica en «hallarlas» una primera forma «hablarlas»)
348	Pian, pian] pian piano Ms
365	declararla] declararle VT
404	las postas] por postas Ms
404a	*Vase y sale Flor*] *Vase, y sale Flor, y Laura criada* VT
413	del mar] de mar B
425	bebe] deue Ms
477	de que así] que asi yo Ms; de que aquí VT
	detendría] tendría D28
483	detenerte] detenerle D28, B, M
485	cuanto] cuando D28
494	la digas] lo digas VT

499 Muera honrado] muere honrado B, M,VT; muer[tachado] honrrado Ms

518a *Abrázale*] *om.* VT

522a *Sale Floro, viejo*] *Sale floro uiexo y laura* Ms; *Sale Floro escudero vejete* VT

527 al ausencia] à la ausencia VT

534 le ve] lo vè VT

537 hace] hacen Ms

554 siempre] ausente Ms. Martínez de Mora tacha «siempre» escrito por el copista principal, tal vez por la influencia de «ausente» en versos anteriores. Pero «siempre» es correcto, pues resulta coherente con la historia de Clicie a que se refiere

556 la] ya VT

por] por no D28

559 lo asegura] B, M *la asegura*. Ms. *la asigura*. D28 *la segura*. El pronombre neutro de la enmienda de VT es acertado, por referirse a las locuciones verbales de Flor, sin referencia a un sustantivo femenino

563 bella flor] eres Flor VT

564a *Vanse los tres*] *Vanse Federico, Flor, y Becoquin* VT

565 FLORO] Todas las versiones impresas indican que es Flor quien habla aquí. Esto resulta imposible, ya que este personaje acaba de abandonar la escena, dejando a Floro y Laura, cuya presencia está indicada en la acotación del v. 522 del Ms (VT indica en la acotación del verso 404 que sale Laura con Flor). El habitual uso de abreviaturas que señalaban al personaje que interviene puede haber causado la confusión de nombres entre Flor y Floro.

Ya solos los dos] ya a solas los dos Ms; ya solos las dos D28

573 lo que pretendí] lo que prendí D28

581 ayudarme] ayudame B

588 menos nos ha de costar] aun menos ha de costar VT

598 lo] le D28, Ms

605 cansarse] cansarme M; cansarte Ms,VT; «t» escrito sobre «s» en Ms

608 vuelven] buelue Ms

608a *Vanse*] *om.* D28, B, M; *mantos* Ms

manto] *mantos* Ms

612 tristeza] tisteza B

625 Serénese] Serene M

628 a tal] y tal Ms

630 he causado] a causado Ms. Martínez de Mora añadió este verso en el margen de Ms con un error, «(h)a» en lugar de «he». ¿Po-

dría estar corrigiendo a partir de otro manuscrito, no solo de su memoria o instinto dramatúrgico?

632 a olvidarme] a *om.* Ms

636 llamo] llame D28

638 hablalle] hablarle VT

642 mi amistad] mi *om.* Ms

653 Basta] Hasta D28

654 fiar] valer B, M, VT

656a *Aparte* indicado solo en Ms. No lo incluimos; dado el enojo de Flor con Flérida, es más probable que dijera esto directamente a ella

666a *Sale*] Salen Ms

675a *Sacan luces Floro y Laura*] *om.* D28, B, M, VT. Añadido a Ms por P977

676 tanta esfera] tantos rayos VT

678 disculpa es el ser vuestra] le disculpase es vuestra D28, Ms, Vt

685 a] *om.* VT

692 una] a una Ms

696 en ella] al uella Ms, VT

699 esta es] es esta Ms

709 hablarme] hablar Ms (el pronombre enclítico «me» tachado)

712 Y, ¿satisfacción] Què satisfacion VT

717 Ya] Y VT

721 se va] buelbe Ms

722 luego al punto se irá] al punto Enrique se irá, VT

725 que no le vea Flor] Flor, que no le vea VT

726 esa] esta B, M

726a *Escóndese*] *Escondese Enrico* VT

727 privanzas] privança B, M

730 Oh, Flor] Oh *om.* VT

753a Ms, B, M añaden *ap[ar]te*]; *om.* D28; con el verso siguiente VT

755a *Vanse*] *Vansse los dos* Ms

759 Agora] Aora B, M, VT

761a VT añade *a par*

768a *Sale Manfredo*] *om.* D28, B, M

771a Ms añade *ap*^{e}

774 a apurarlas] a *om.* Ms; a apurarla M

780 Ms añade *Aparte*

784 y está] que està VT

794 habla] hablas Ms

794a Ms añade *ap*^{e}

800 trujo] trajo B, M, Vt

815 pasé de un ansia a otra ansia] sali de vna ansia a otra ansia Ms; passe de vn ansia a otro ansia B

824 misma] propia VT

836 Floro] Flor D28

855 las voces] a las boçes Ms

864 trujo] traxo B, M, VT

879 podáis] podeis B, M, Ms, VT

883 prevencion] presunción D28

894 volver] bolverte B, M, VT

897 lleváis] lleuas VT

904 razones] traiciones VT

914 habelle] auerle VT

923 aquese] aquel Ms; aqueste M

931 entrastes] entrasteis VT

933 yo haré] harè yo VT

939a *Detiénele Flor, asiéndole, y quítale la daga, y el otro le mata*] *Detiene Flor a Enrique, y le quita la daga, y Clotaldo le mata* VT

940a *Mátala y vanse*] *Matan la luz y vanse* VT

941 VT añade *Cae*

944 he topado la ventana] he hallado ya la ventana VT

957 la voz] razon Ms (aparece tachado «la voz»)

965 me despertó] dispertò B, M

984 sacalla] sacarla VT

990 cuantas] tantas Ms

992 sombras halló imaginadas] dar pudo a estas semejança VT

997 su sobrino] y su sobrino D28, B, M

1006 yo] *om.* Ms

1009 lo] le VT

1011 ponelle] ponerle VT

1016 extraña] estreña D28

1017 recato] secreto Ms

1018 sacalle] sacarle VT

1024 le] lo Ms

1028a Ms. incluye «fin de la Primera xornada»

1028a JORNADA SEGUNDA] Jornada sigunda Ms

1033 he] *om.* Ms. El copista, que habría escrito «te e estado», se saltó una «e», escribiendo «teestado»

1042 caminabas] caminava B, M

1049 priesa] prisa VT

1060 niña] mira VT

1064 entrega] entriega B, M

1076 trujiste] traxiste VT
1083 Dije] dize D28, B
1101 hablaban] hablaba D28
1114 ni] no VT
1125 o] ù B, VT
1127 digas] me digas B, M
1153 dime] dame D28
1154 qué tristeza] ò què tristeza B, M, VT
1160 respuestas] en respuestas Ms
1173 a la mañana] la mañana D28
1174 que estaba] que auia VT
1175 Flor] Flora B, M, VT
1177 cargándoles] cargándolos B, M, Ms., VT
1181 Yo entonces] y entonces Ms
1186 a la aldea] al aldea Ms
1187 escarmientos] escarmiento VT
1212 ventanas] ventas D28
1226 pierdan] pierda Ms
1230 y vamos donde] y *om.* VT
1236 Espera a] Esperar a Ms, B, M
1243 eso] ese Ms; esto VT
1248 descuelgan] desculgan B
1252 aquellos] aquesos Ms
1262 no me halle] me halle B; ni halle M
1267 seguro] siguro Ms
1268a *Escóndese y salen Clotaldo y el Duque de caza*] *Escondeſe Federico. Sale el Duque y Clotaldo en trage de caza* VT
1279 o os he visto] os he visto D28, B; o he visto Ms; u os he visto VT
1280 Malo es esto, vive Cristo] B, M añade *Ap.*
1288 llamo] lamo D28
1290 Ms añade *ap[art]e*
postas tomó] postas como D28
1296 Aquesto] Que aquesto VT
muy bien infiero] es muy bien se infiera VT
1308 en pocas] en *om.* Ms, B, M, VT
1324 asegurar] asigurar Ms
1347 Ms, VT añade *ap[art]e*
1350 tus] tres D28, B, M
1351 si asistiendo] si asiendo D28; si asi biendo Ms. La «b» escrita sobre una letra ilegible, pero que no es el grupo «st»
1353 *Échase*] *Reclinase el Duque à dormir* VT
1355 Ms añade *ap[art]e*; VT añade *Al paño Federico*

1368 de Carlos o de Enrique o de Manfredo] de Carlos, ù de Enrique, ù de Manfredo VT

1375a *Vale a dar y sale Federico*] *Vale a dar* D28, B, M; *quiere matar al duque y sale federico* Ms; *Al ir à executar el golpe, sale Federico* VT

1377 VT añade *Despierta el duque*

1379 dormido] durmido Ms

1381 así] ansi Ms

1384 tú mira, Carlos] tu, Carlos, mira VT

1385 de esa] desta VT

1396a *Vase y salen Flor, Laura y Floro*] *Vanse y salen Flor, Laura y Floro* D28, B, M; *Vase. / Salen Flor, Laura y Floro* VT. «Vase» es correcto, porque la partida de Federico y el Duque se indica en los versos 1384 y 1391, respectivamente

1399 amiga] amigo D28; ay Laura VT

1413 los] las D28, B, M

1417 VT añade *apar[e]*

1421 dijo] todos Ms («dijo» tachado e incorporado «todos»)

1422 rebozado caballero] reuocado Ms; reboçado el Cauallero VT

1424 casa] dama Ms (aparece tachada y corregida la forma «casa»)

1432 feliz] infeliz D28

pluguiera] gracias Ms (aparece tachada y corregida la forma «pluguiera»)

1445 VT añade *á p.*

1449 VT añade *á par*

1453 Flor] Flora D28

1459 Intervención de FLORO] Adjudicada a Flor VT

1461 el negocio] tanto lance VT

1467 ningún] algun VT

1479 a] *om.* B, M

1490 envié] invie Ms

1502 un arca] vna arca B, M, VT

1504 poniéndole] poniendola M, VT

1508a *de ganapanes*] *en trage de ganapanes* VT

1513 todo lenguas] toda lenguas VT

1516 nuesama] nuestra ama VT

1520 os entráis acá] os entrá y sacá D28, Ms. Aunque en Ms. podría ser «entrays aca», pues separa la «y», aunque no la separa en otras palabras

1524 nacio] necio B, M, VT

1527 la hacienda] la *om.* Ms

1529 Y he errado] y lo he errado VT

1534 topa] estriua VT

1537 No es aquesa] No ha sido essa VT

1538 así] ansi Ms

1543 guardar] aguardar Ms

1558 este] esse M

1559 ahora] agora VT

1563 peso] paso D28, B

1581a *Salen*] *Sale* B, M

1590 Tenelde] Tenedle B, M, VT

1593a *Descúbrese*] *Descubrese Federico* VT

1604 truje] traje VT

1624 no lo sabes] no la sabes B, M; no los sabes VT

1639 nada al caso] mas al caso VT

1641 es delante] de lana Ms (aparece corregida la forma «delante»), VT

1652 a] *om.* Ms, B

1653 Agora] aora B, M, VT

1654 te ves] le vès M

1656-1658 ¡Ay [...] muerta *aparte* indicado por paréntesis en D28, B, M, por un *ap[ar]te* añadido en v. 1656 en Ms, y en el v. 1657 en VT

1658 yo soy muerta] tienes de mi Ms. Martínez de Mora, que añade un *Apte* al lado de 1656, tacha la expresión «yo soy muerta» e incluye «tienes de mi», queriendo aportar sentido a la pregunta que piensa que se inicia en el v. 1656

1659 callado] callad D28.

1664 estorbándole] estorvandola VT

1673 con mayor] y con mayor Ms, VT

1682 acobardarse] acobardase D28

1685 respeto] respecto Ms

1688 sola de esa razón] con sola essa razon VT

1702 agora] aora B, M

1705 eres] *om.* D28, B, M

1711 ¡ay, quién callara!] ò quien callara VT

1714 que se ha arrojado] ha *om.* Ms

1722 los] las D28, B, M, VT

1731 oye] hoy D28, Ms

1734 volverme] boluer D28

1735 plega] plegue Ms, VT

1743 que yo] que no VT

1764 con ser] y con ser VT

1769 que] *om.* D28

1771 asegura] asigura Ms

1775 Vete agora, vete agora] Vete aora, vete aora B, M, VT

1777 Agora] Aora B, M, VT

1780 lo que te he dicho] lo que me an dicho Ms (aparece tachada y corregida la expresión «lo que te e dicho»)
1781 llegó el embozado] ubo embocados Ms (aparece tachada y corregida la expresión «llego el embocado»)
1788 Di, fiera!] difiera B
1789 Que ya me contentaba] porque ya me contentaua Ms; que ya me contentaria VT
1790 yo lo sé] que lo sè VT
1798 y] e VT
1805 mentira] mentiras VT
1807 creerle] creerles M
1810a *Déjale*] sigue al v. 1811 VT
1811 es] en D28
1813 Plega] Plegue Ms, VT
1817 A qué entró] Aqui entró D28
1821 disculpa es] es disculpa VT
1826 Si quisieres irte, ve] Si quieres irte te be Ms
1829 quién fue] quien B, M; quien es VT
1831 y plega] y plegue Ms, VT
1843 pues que de mí] Si porque de mi Ms
1859 Pues, en Torreblanca estoy] Pues à Torreblanca voy VT
1864a *Vanse y sale Manfredo disfrazado*] *y om.* VT. Ms incluye un «vase» después de los versos 1861 y 1862. El «vanse» de esta acotación parece haber sido cambiado a partir de «Vasse» para indicar que Flor y Federico se van a la misma vez
1869 retirado] retirada D28, B
1872 llamarle] llamarla VT
1877 truje] traxe B, M, VT
1891 erice] eriça Ms; heriza VT
1894a *Vase y salen*] sale B, M, Ms, VT; y *om.* VT
1904a *un arca*] una arca Ms, VT
1920 en ello] en eso D28
1921a Ms añade *Amágale con la daga*
Lance fuerte] Ms, VT añade *ap[ar]te*
1927 llevalla] lleuarla VT
1934a *Vase*] *om.* D28, B, M, VT. Pero por lo que sucede con Clotaldo y el Duque, queda claro que Manfredo se ha ido
Salen el Duque, Clotaldo y gente] Sale Clotaldo, el Duque, y gente VT
1937 Tenido estoy] tenido soy VT
1939 Un arca] Vna arca VT
1947 Prendelde] Prendedle B, M, Ms, VT

1949	Reconocelde] Reconocedle B, M, VT
1955	Ms añade *ap[ar]te*
1957	CRIADO Abierta pienso] Vno. Abierta entiendo VT
1959	Deslialda] Desliadla VT
	CRIADO] Vno VT
1960	contiene] conviene D28
1961-1962	Ms añade acot. «*Llega la luz*»
1966	aquesta arca] esta arca VT
1970	Ms añade *ap[ar]te*
1971	Ms añade *ap[ar]te*
1972	asegura] asigura Ms
1972a	Ms incluye «Fin de la xornada sigunda» de mano del copista principal, P976, y por debajo, de mano de Martínez de Mora, con su rúbrica espiral, «de un castigo tres vengançase»
	JORNADA TERCERA] 3ª Jornada Ms
1972a	*Salen*] *Sale* VT
1982	reconocerle] conocerle D28
1989	una carroza, no sean] vuestra carroça D28, B, M; vna carroça no sean Ms (aparece tachada y modificada la palabra «vuestra»)
1998	en que viene] en quien viene M
2011	déjanos] dexadnos VT
2016	acierte] acierta D28
2016a	*Vanse*] Vase VT
2019a	*un papel*] vna carta VT
2026	resquicio] susquicio D28, B, M
2042	Ms añade *ap[ar]te*
2044	solo a profanar] solio à profanar VT
2048	imposibles] imſioſsibles D28
2051a	*Al paño Flor.* Ms, VT. Ms añade *Sale Flor*
2052	pero aquí el temor] y aquí el temor D28, B, M; y el temor aquí VT
2054	canceles] cendales M
2063	Descúbrele] Descubre à Federico VT
2071	FLOR] FEDERICO D28
2072	delante] adelante B, M, Ms, VT
2075	dispensar] dispersar D28
2077	generoso] cariñoso VT
2078	No] *om.* D28
2079	merced ninguna] fauor alguno VT
2087	otro] otros D28
2094	es] *om.* D28
2101	Topé] Hallè B, M; Que hallè VT

2104 un arca] en un arca D28; una arca M
2105 Ms añade *ap[ar]te*
2106 fue este] fue à este VT
2109 quiso] quise Ms
2114 que es el acción] que la accion es VT
2121 del] el D28
2123 pero no] mas no D28, B, M
2131 puede] pueda VT
2136 cuando el alma echar no puede] quando en el arca le aduierte VT
2140 primera] primer Ms
2143 por ocasiones que callo] viendo el traje que llebaba Ms
2154 propias] proprias Ms
2150 prenden] penden VT
2164 quiere hacerle] quiere haçerle Ms; quiera hazerle VT
2167 mi] *om.* Ms
2173a *Vanse*] *Vase* D28
2176 repeso] su peso VT
2182 llene] lleve D28
2189 que rendirme] de rendirme Ms, B, M, VT
2192 firme] fiame D28
2202 resolverme] revolverme D28
2209 agora] aora B, M, VT
2216 puedo] puede Ms. «puedo» modificado a «puede» por Martínez de Mora u otra mano
2220 manera] modo VT
No aprietes] No, no aprietes VT
2223 hierro] yerro Ms; Hierros VT
2224 si el alma] y el alma VT
2230 Y en trance, amigo, tan fuerte] Si, y en vn trance tan fuerte VT
2232 Plega al cielo que por verle] Plegue al Cielo que con uerle Ms; Plegue al Cielo que por verle VT
2234a *Vanse y salen*] *Vanse y sale* Ms, B, M; *Vanse. Sale* VT
2239 porque del vulgo] porque es del vulgo VT
2240 y] *om.* Ms
le llaman] se llama VT
2241 su deidad infaman] su razon infama VT
2248 en] *om.* M
2250 su culpa] la culpa Ms
2253 temo] tome D28
2257 Ms añade *ap[ar]te*

2259 Ve, dile a Manfredo] Ve dile a Manfredo que Ms; vè y dile à Manfredo VT

2260 le] *om* D28, B, M, Ms

2261 Ms añade *ap[ar]te*

2264 Ms añade *ap[ar]te*

2266 Ms añade *ap[ar]te*

2269 Ms añade *ap[ar]te*

2272 Ms añade *ap[ar]te*

2273 así] ansí Ms

2274 Ms añade *ap[ar]te*. No es necesario, porque el Duque está solo en el tablado

2281 ofendido el ofensor] ofendido a el ofensor Ms, B, M, VT

2282 Honrado] honrando B, M, VT

2289 envidia] imbidia D28

2291 experiencia] experiedcia B

2295 velle] belle Ms; verle VT

2298 que ha de ser juzgado] que ha ser juzgado B, M; a ser Ms; que ha de ser juzgado oy VT

2298a *Vase y salen*] *Vanse y sale* Ms; *Vase y sale* M; *Vase. Sale* VT

2301 pues te merecí de ver] pues te he merecido ver VT

2322 las glorias que ya] las penas que ya B, M; las penas que yo VT

2327 asombro] asombre D28

2330 cielo] cuello D28, B, M; suelo VT

2331 dorarlo] dorarle VT

2332 siendo] siento D28

2333 si su ausencia] sin su ausencia Ms

2334 vida] vica D28

2335 Pues sí, así] si *om*. Ms, VT

2336 ausente] ausenta D28

2342 tu vista] su vida D28

2345 vestirle] vestirse VT

2349 gozarte] agostarte VT

2350 hierros] nietos D28, B, M. «Nietos» enmendado a «yeros» en Ms

2356 tú] *om*. D28

2359 vidas] uida Ms

2361 tan bien] tambien Ms

2362 interromper] interrumpir VT

2366a *cesta*] *costa* D28

2377a *Vanse*] *Vase* VT

2379 Sentaos y comé] Sentaos, comed VT

2380 espero] aspero D28

2398a *Vase*] Vanse VT

2405 Ms añade *ap[ar]te*

2411 FLOR] Clotaldo D28

2412 CLOTALDO] Flor D28

respondéis] respondes D28

2414 Cuando] y cuando D28

llenos] en Ms aparece tachada y modificada la palabra «menos» (error tal vez causado por un salto de ojo del copista principal al v. 2411) a «llenos»

2420 si vos] es si vos D28, Ms, B, M

2427 dale] dile VT

2430 enviado] inuiado Ms

2433 obligarme] obligarè D28; obligarle B, M; «obligarle» enmendado a «obligarme» Ms; obligarme VT

2441 envía] inuia Ms

2447 hoy en la prisión. Mas él] en la prisión. Mas él D28, B, M; en la prisión. Pero él VT

2454 Ms añade *ap[ar]te*

2458 Ms añade *ap[ar]te*

2465a *Salen Federico y Manfredo*] *Sale Federico y Manfredo* D28, B, M; *Sale Manfredo con Federico* VT

2469a Ms añade *ap[ar]te*

2470 Hola] Señor VT

2470a *Vanse Flor y Clotaldo*] *Vanse* D28, B; *Vase* M, VT

2480 oír] oyd D28.

2482 Y a esta sola] Y a essa sola B, M; A ella sola VT

2487 los tratos] dos tratos M

2498 callar] à callar VT

2510 en la Casa de Austria] en la cassa santa Ms (aparece tachada y modificada la forma «cassa de Austria»)

2515 Ya] Yo D28

2521 agora] aora B, M, VT

2526 en su infancia] de Ramada Ms

2527 en competencia] tachada y modificada a «desde mi niñez» por Martínez de Mora en Ms

2530 cuanto] cuando D28; como VT

2531 de esa esfinge, ese Clotaldo] tachada y modificada a «sirbiola tan bien Clotaldo» por Martínez de Mora en Ms

2537 de desafío] del VT

2546 extiende] entiende D28.

2547 Partime] Partirme D28, B, M

2555 ocasiona] ocasión a D28, B, M; ocasionò VT

2558 lo revela] lo rezela VT

2569	respeto] respecto Ms
2574	y de allí a poca] y *om.* B, M
	de alli à pequeña VT
2583a	Ms incluye la acotación «como bascas»
2591	cielos] çielo Ms
2595	me encontraste] encontrasteme Ms; me encontraste y VT
2596	enviaste] inuiaste Ms
2596a	Ms incluye la acotación «otras bascas»
2597	Cielos, muero] yo fallezco VT
2600	mar] mas VT
2601	perla] prende B; prenda M
2606	pena] penda B
2607	baste quitarle] uaste a quitarle Ms, B, M, VT
2609a	*Salen los dos*] *Salen los dos manfredo y clotaldo* Ms
2617	obsequias] exequias VT
2624	Agora] aora B, M
	Ms, VT añade *ap[ar]te*
2626	Ms, VT añade *aparte*
2630a	*Vanse y sale Flor y Flérida*] *Vanse. Sale Flor y Flerida y Laura* VT
2631	al fin, he venido] en fin he venido B, M, VT
2656	Dónde] Adónde D28, B, M
	dalle] darle Ms, VT
2657a	*Cae sobre almohada o silla, si hay*] *si hay om.* Ms; *Cae desmayada* VT
2658	Repórtate] Recobrate VT
2660	pienso] entiendo VT
2661	VT incluye la acotación «Buelue en si»
2662	viva] vivo D28, B, M
2669	pecho] pero D28, B, M. La «y» de «ya» unida a la «o» de «pero» en el Ms. puede haber sugerido la lectura «pecho»
2671	prosigas] prosiga VT
2674	propia] propria VT
2675	VT incluye la acotación «a Lau.»
	Ayúdale] Ayudala VT
2676	Becoquín.- Ten] Lau. Tèn VT
2678a	*Vanse y sale Clotaldo con tres valientes*] *Vanſe. Sale Clotaldo con tres Vandoleros* VT
2682	[VALIENTE] 1] Vno VT
2684	ya viene] aquí viene B, M, VT
2685	[VALIENTE] 2] Otro. VT
2686a	*Sale el Duque*] *Retiranse los balientes. Sale El duque* Ms
2687	Ms añade *ap[ar]te*
2690	en tal] a tal D28, B, M

2702 un] *om.* D28, Ms, B, M
2703 agora] aora B, M
2704 VT incluye la acotación «Salen los Vandoleros»
2706a *Síguele*] *Huye Clotaldo, y el Duque le sigue* VT
2707 Clotaldo - Rodolfo] Rodulfo Ms, B, M; Vno. Huye Rodulfo VT
2708a *Vase y sale retirándose y cae a los pies del Duque*] *Vanse. Sale Clotaldo herido, y cae à los pies del Duque* VT
2720 tus] sus D28
2724 agora] aora B, M, VT
2750 a su vista así] ansí Ms; à ſu hija assi VT
2751 Ms añade *ap[ar]te*
2754 abrasa] abrase M
2757 a] *om.* D28
2764 envidiado] enviado D28
2777 le prestó] les prestò VT
2780 muerto] muera D28.
2784 traidores] traiciones VT
2791 llamado] llamando D28
2792 sus] si D28, Ms, B, M
había sido] auian sido Ms
2795 topando] hallando B, M, VT
2807 segunda] sigunda Ms
2808 mandases] mandastes VT
2809 agora] aora B, M, VT
2813 estaba] tenia VT
tus] tres D28, Ms, B, M, VT
2821a *Dicen dentro*] *Dicen om.* B, M, Ms; acot. *om.* VT
2833 reduzco] reduzgo VT
2848a *FIN*] *Fin de la famossa Comedia de Vn Castigo en tres venganças* Ms

Escena añadida, Ms. fols. 256v-257r

Ojo —[acot.] *Sale Flor con una daga en la mano*

Flor
Duque traidor, duque ingrato
si tanto cruel te preçias
de justiciero por que
te bengas en [¿?] la inoçencia
con esta daga me mata
porque tanbien en mi beas
la muerte como en mi esposo
o me la dare io mesma

porque muerto Federico
no es bien que a su bista bea
flor sus mismas homicidas
porque es mas que muerte el berlas
si le mataste por que
lo encontraste (el alma tienbla
en descubrir el secreto)
con Enrique muerto sepas
que Federico no fue ~~desta~~ la causa
desta secreta desdicha
que de mi padre lo sabras
quando en mi beas la muerte
porque a eso bine ~~abus~~
a buscarte entre estas selbas
para que seas testigo
i tanbien para que beas
lo ultimo de mi vida
i el fin de aquesta trajedia *base a dar i detienela el duque*

Duque — tente Flor tente no seas
homicida de ti misma
y tu Manfredo comiença
a declarar este enredo
si es bien que el fondo se aduierta [escrito por ¿Rojas? sobre otro verso]

Los versos copiados por Martínez de Mora son los siguientes:

Trajedia

Duque — tente flor tente señora
y tu homicida no seas
hasta saberse el engaño
~~que yo gustare lo sepas~~
y tu manfredo comienza

Manfredo — Ya estimo, famoso Carlos

ÍNDICE DE VOCES ANOTADAS

La numeración remite al verso.

abonar, 2252
accidente («el más constante...»), 1071
agallas («apretar las...»), 2234
aguardamé, 1931
Anjí, 2021
antiparas, 2590
apretar, ver *agallas*
apurarlas, 774
áspid, 158
Atlante, 1642
astrólogo, ver *corazón*
astrólogo, ver *desdicha*
aurora, 616, 1197
ausencia («al...»), 527
Austria («Casa de...»), 2510

bascas, 2584
Becoquín, 1283
beleño, 2811
bienes («donde quiera que yo esté, mis... están conmigo»), 1627
bienes, ver *sujetos*
Borgoña, Carlos de, Listado de *Dramatis personae*
Borgoña, Enrique de: Listado de *Dramatis personae*
bueno, 2207

camino («de...»), acotación incial
cancel, 2054
candor, 425-426
cara («el papel de la...»), ver *pecho*
cara («salir mis desdichas a la...»), 652
Carmen (convento), 1496
celos, 1100
ciego 675
cielo, 1641
círculo («... de plata»), 10
ciudad, 2523
civil, ver *muerte*
Clicie, 549-554
color («dar...»), 1483
comé, 2379
corazón («dicen que astrólogo suele ser...»), 2013
cortesana, ver *obligación*
cristal, 303, 2182
cuadra, 726

cuanto, ver *tanto*
cubierta, 22

daga, ver *espada*
declararla, 365
delito, ver *traje*
descolgar, 1248
descomponer, 2727
desdicha, 287-290
desdicha, ver *cara*
desdicha («en las... no hay astrólogo que no acierte»), 2016
desvelado, 1447
Dios, ver *voz*
disculpa («temo que me diga la... lo que me calló el silencio»), 278
dispensar, 2075
divertido, 334
divino, ver *instrumento*
dueño, 2382
duque, ver *Borgoña, Carlos de*
duque, ver *Sajonia*

empanada, 1304
enemigos («todos en la ocasión [...] son… no excusados»), 1452
Enrique, ver *Borgoña, Enrique de*
esclava, 734
escogido, ver *llamado*
escudos («Mil… me ha ofrecido»), 572
esfera, 11, 808
esfera («mejor...»), 68
esfera («tanta...»), 676
esfinge, 2531
espada, 938
especie («primera...»), 2140
esposo, 2199
estoque («poner su...»), 2510

facilidad, 1057
Fama («es todo lenguas la...»), 1513
Fama, ver *plumas*
feliz, 1432
fénix, 2360
fiarse («guardarse de quien más te...»), 1392
Flor, 547
fuego, ver *piélago*

hablarla, 332
hacienda, 1527
hallar, ver *hora*
hechura, 2270, 2465
hora («un...»), 1238
hora («ser... de hallarte»), 317
horror, 2330
humor («sangriento...»), 1463

ilusión, 886
información, 2244
inmediata («a la…»), 656
instrumento («divino…»), 2740
interromper, 2362

laurel, 2
liciones, 703
lince, 666
liviana, 649
llamado («… y […] escogido»), 681-682
lonja, 646

madreperla, 1032
males, ver *sujetos*
manto, 608a
medirse, 2115
mentidas, 2564
mentir, ver *celos*
monumento, 1400
mozárabe («planeta...»), 620
muerte («... civil»), 2541
muerte («la sombra de mi...»), 1346

mudar (mudarse), 1561
mutabilidad, ver *Flor*

nuesama, 1516
número, ver *repeso*

obligación («cortesana...»), 853
obligaciones, 706
obsequias, 2617
ocasión, ver *enemigos*
ojos, ver *tinta*
oyemé, 1732

pecho, 773
peligrar («... en sí mesmas»), 1074
penado, 303
piadoso, 2405
pian, pian, 348
piélago («... de fuego»), 10
planeta, ver *mozárabe*
plata, ver *círculos*
plumas («dar... a la fama»), 2518
potentado, 1369
precia, 642
previene, 2685
prisiones, 2004a
privanza, 727
puerco, 1276
punto («al...»), 722

rebozo («de...»), 2124
refrescar, 1916
reloj, 387
repeso («las desdichas... y número tienen»), 2176
rosicler, 1752

sabeo, 2358
sagrado, 2814
Sajonia («Duque de...»), 13
salir, 656
sangriento, ver *humor*
sentido, 794
sepultura («... no ha de tener»), 2744
servir, 2527
silencio, ver *disculpa*
sirviendo, 752
sol («flor del...»), 553
sol («se me pone mi...»), 563-564
sombra, 992, 1487
sombra, ver *muerte*
soy («... quien soy»), 1702
suceso, 1448
sujetos, («conforme los... da el cielo males y bienes»), 2178

tantas («de...»), 786
tanto («... cuanto»), 363
ten, 2676
tenelde, 1590
tercio, 1589
tinta («es la... veneno de los ojos»), 24
Toribio, 1577
torcer, 1585
traje («el mudar... tiene ya confesado el delito»), 2127
tregua, 1308

vais, 933
valiente, 2678a
veneno, ver *tinta*
vestirse, 2345
voluble, ver *Flor*
volver, 894
voz («... de Dios»), 2240